Das Wendsche Platt

Eine Ermittlungsreise zu den Quellen

Walter Wolf

Ich widme dieses kleine Buch Karlheinz Kaufmann in freundschaftlicher Verbundenheit für sein humorvolles und aus tiefer Seele kommendes Engagement für seine, unsere gemeinsame Muttersprache, das Wendsche Platt.

Impressum

Bibliografische Information der Deutschen Nationalbibliothek: Die Deutsche Nationalbibliothek verzeichnet diese Publikation in der Deutschen Nationalbibliografie; detaillierte bibliografische Daten sind im Internet über http://dnb.dnb.de abrufbar.
Cover: Walter Wolf Autorenfoto: Birgit Engel
Coverfoto: Walter Wolf (Wendsche Kirmes 1980)

Herstellung und Verlag: BoD – Books on Demand, Norderstedt
ISBN: 9783754339756

Inhalt

Vorwort

Bei einem kurzen Krankenhausaufenthalt in diesem Jahr hatte ich einen Zimmernachbarn, der sich als ein waschechter Berliner herausstellte, zudem noch aus dem Arbeiterviertel im Wedding. Wir haben viel Amüsantes aus unseren Regionen erzählt, er aus Berlin, ich aus dem Südsauerland. Er selbst sprach – soweit ich das feststellen konnte – ein unverfälschtes Berlinerisch, was mich in den Gesprächen zunehmend mehr bewegte, auch etwas über unser Platt in all den Varietäten zu erzählen. Und da kam es mir gerade recht, dass irgendjemand als Dekoration im Flur ein Plakat positioniert hatte, auf dem Worte aus dem Wendschen Platt grafisch präsentiert wurden. Über einen der Begriffe war ich gestolpert. Das war nicht wendsch. Dort stand „Dungenbüchse". Als wir beide vor dem Plakat standen, zeigte ich darauf, er las es und fragte: „Wat is det: Dungenbüchse?" In dem Augenblick kam ein junger Mann vorbei, wie wir mit Corona-Mundschutz, und sagte im Vorbeigehen: „Dungenböasse". Mehr nicht. Das war der richtige wendsche Ausdruck, und ich sprach ihn gleich in Platt an: „Ukk üttem Wendschen? Wou kümmesche her?" – Eigentlich hätte ich sagen müssen, wie ich es gelernt hatte: „Wou kümmesche dannich?" – Er drehte sich um: „Vam Ahlenhoff", also meinem Herkunftsort, den ich 1975 verlassen hatte. Und schon waren wir im Gespräch, über Gott, die Welt und seine Leute in Altenhof - und in Platt. Und der Berliner staunte...

Warum schreibe ich dieses kleine Buch? Zum einen bin ich bei meinen Recherchen über die frühe Geschichte meines Herkunftsortes „Höëwingen", also Altenhof, darauf gestoßen, dass das Wendsche Platt ein wichtiger historischer Indikator für die weitgehend schriftlose Zeit im Wendener Land ist, zum anderen habe ich festgestellt, dass es nur wenig wirklich bedeutsame Veröffentlichungen über diese besondere Sprache gibt, auch wenn gerade in den letzten Jahren viel in Wendschem Platt geschrieben wurde. Vor allem ist hier

Karlheinz Kaufmann aus Hillmicke zu nennen, der in seiner humorvoll-kauzigen Art, aber auch mit einem weiten, solidarischen Herz präzise über Gegenwart und Vergangenheit im Wendschen spricht und schreibt. Hingegen sind die eher sprachwissenschaftlichen Beiträge dünn gesät. Und dann häufig von Personen verfasst, die z.B. sich aus der Ferne des Münsterlandes über die Wendsche Sprache auslassen, mit der Folge, dass sie dabei auch viel Falsches oder falsch Hergeleitetes verbreiten. Abgesehen von Werner Beckmann habe ich keinen Sprachforscher gefunden, der sich wirklich ernsthaft der Sprache der Wendschen angenommen hat.

Als ich dann in den Heimatstimmen von 1939 eine Rezension von Norbert Scheele fand, der darauf hinwies, dass die „Mundart des Amtes Wenden ... gegenüber der platten Sprache des übrigen Kreises Olpe scharf absticht“ und daher eigentlich eine besondere Untersuchung „ueber die singende und klingende Mundart des Amtes Wenden“ erstellt werden müsse, war mein Entschluss gefasst: ich versuche es. Und dabei bin ich zu dem Schluss gekommen, dass das Wendsche Platt als eine Reliktmundart „niederdeutsches Moselfränkisch“ ist, ein Begriff, den es noch nicht gibt und der auch nur ein Arbeitstitel ist. Ich weiß, dass dies zunächst eine steile These ist, die ich aber im Laufe meiner Ausführungen m.E. genügend unterfüttere. Sprachwissenschaftler könnten sich dieser These annehmen und – ähnlich wie für das niederfränkische Oberbergische als Ostbergisch – einen eigenen Namen finden, der die Besonderheit dieses Ausnahmedialekts analytisch und empathisch zum Ausdruck bringt.

Bedanken möchte ich mich auch bei meinem Klassenkameraden und Ko-abiturienten von vor 50 Jahren Stephan Niederschlag aus Möllmicke, einem wendschen Muttersprachler wie er im Buche steht, auch wenn es dieses Buch noch nicht gibt, für seine Unterstützung.

Drolshagen, im Herbst 2021 Walter Wolf

Das Wendsche Platt – ein niederdeutscher und moselfränkischer Dialekt und ein Kulturerbe

In unserer Abschlussklasse zum Abitur vor 50 Jahren gab es immer wieder einen scherzhaften Disput zwischen Raimund Quieter, katholischer Religionslehrer und Ur-Wendscher[1], der auch mit den wendschen Jungs in unserer Klasse Platt sprach, und Bodo Thieme, evangelischer Religionslehrer, aus Berlin stammend. Als dieser eines Morgens in ein solches Gespräch kam, merkte er scherzhaft an: „Was sprechen Sie denn hier für eine unkultivierte Sprache?“ – Raimund Quieter schmunzelte und sagte zu uns: „Dä veaschteaht uk nix, me müchte'n mitm Kopp em Finschtern rütthaalen un dann losslooten.“ – Ob Bodo Thieme es verstanden hatte, weiß ich nicht, jedenfalls zog er grinsend und Kopf schüttelnd davon.

In dieser kleinen Episode werden mehrere Sachverhalte deutlich, die den Stellenwert des Wendschen und seinen Charakter näherbringen. Zum einen ist es eine eigene Sprache, die wie vielfach der Dialekt die Dialektsprecher als eine Gemeinschaft über Sprache verbindet. Zum anderen auch die oft von Hochdeutsch Sprechenden und lange Zeit auch von den Plattsprechenden angenommene Minderwertigkeit der plattdeutschen Mundart. Nicht zuletzt wird so auch oft ein Stadt-Land Gegensatz hergestellt.[2]

---

[1] *So werden Menschen aus dem Wendener Land genannt. Was hochdeutsch und in Schriftsprache „Wendener“ heißt, wird dort „wendsch“ genannt. Ein alteingesessener Einheimischer würde sich nie als „Wendener“ bezeichnen, sondern eben als „Wendscher“. Die Ortschaft „Wenden“ heißt im Platt „Wengen“, dementsprechend ist eine aus Wenden stammende Person ein „Wengener“.*

[2] *Auf die Bestrebungen Preußens, das Niederdeutsche als minderwertig zu unterdrücken, kann ich hier nicht eingehen. Dabei ist es durchaus möglich, sowohl Alltägliches, Belletristisches als auch Wissenschaftliches im Platt auszudrücken, wenn zwei Bedingungen erfüllt sind. Zum einen gibt es im*

Was ist das Wendsche Platt?

Schon an anderer Stelle habe ich aufgrund generell fehlender schriftlicher Dokumente in den Schritten Fakten, Indizien, Rückschlüsse und Vermutungen die Herkunft, den Charakter mit allen Eigenarten und die Verbindungen des Wendschen Platt erarbeitet. Bei diesem Dialekt handelt es sich um eine ausschließlich im Bereich der Gemeinde Wenden gesprochene Mundart, die sich von den benachbarten Dialekten auffällig und ausdrücklich unterscheidet.

Betrachtet wird der Dialekt als ein Sprachsystem, das, allgemein gesprochen, aus einer bestimmten Menge an sprachlichen Einheiten und Regeln besteht. Dazu gehört der Wortschatz, das Lautsystem und die Grammatik. Bei der folgenden Analyse wird ein besonderer Wert auf die Herkunft der Sprache gelegt, die in den Zusammenhang mit Elementen der kulturhistorischen Entwicklung der Region gebracht wird. Dabei wird auch auf die an den Grenzen und innerhalb der Gemeinde verlaufenden Isoglossen[3] zurückgegriffen.

Platt bedeutend weniger Substantivierungen, die daher adäquat über Prozessbeschreibungen zu formulieren sind. Zum anderen muss man wie in der hochdeutschen (Dach-) Sprache auch bereit sein, Fachbegriffe aus anderen Sprachen (klassisch aus dem Latein, später auch französische und jiddische, neuerdings eher englische Begriffe) zu übernehmen. Das Platt hat immer schon neue Erscheinungen in den Sprachkontext aufgenommen, wie das klassische Beispiel der baumbestandenen Straße, der Chaussee, zeigt, die im Wendschen einfach „die Schussee" war. Der seinerzeit in der deutschen Hochsprache benutzte Begriff der „Kunststraße" wurde nicht übernommen. Konsequent nennt Peter Bürger seine im Internet verfügbaren sauerländischen Texte „daunlots". Der Newsletter des Vereins zur Förderung von Dorfgemeinschaftsaufgaben in Altenhof e.V. wird "Höëwinger Tijdung" genannt, ohne einen Anglizismus zu benutzen.

[3] *Isoglossen = eine Linie zwischen zwei Ausprägungen eines sprachlichen Merkmals, das man als Linie in einem Sprachatlas einzeichnen könnte.*

Fakten

Zu den Fakten gehört zunächst einmal, dass das Wendsche Platt eine niederdeutsche Mundart ist, die die zweite Lautverschiebung nicht vollzogen hat. Dies hat es mit den weiter nördlich gesprochenen Dialekten des Olper und Drolshagener Platt gemeinsam. Anders als diese ist es jedoch keine Westfälische Mundart, da kein Einheitsplural festzustellen ist. Dieser besagt, dass im Westfälischen die Verbformen im Plural, also *wir, ihr, sie*, gleich sind. So sagt der Drolshagener: *„fi makent, i makent, sei makent"* während es im Wendschen heißt: *„mej maken, ej maket, se maken"*. Insofern liegt das Wendsche Platt außerhalb, genauer südlich der **Westfälischen Linie**.
Das Wendener Land liegt nördlich der **Benrather Linie**, die den mitteldeutschen vom niederdeutschen Sprachbereich trennt. Diese Linie verläuft über die südliche und südöstliche Gemeindegrenze zum benachbarten Siegerland, in dem ein **mitteldeutsches Moselfränkisch** gesprochen wird, das die zweite Lautverschiebung vollzogen hat, wenn auch, sofern man gerade im Nordwestsiegerländischen genauer zuhört, nicht durchgehend.

Zusätzlich trennt die **Uerdinger Linie**[4] den Wendschen Sprachraum. Diese Linie vereinigt sich nördlich von Gummersbach mit der Benrather Linie bis ins Wendener Land. Hier trennen sich die beiden **Isoglossen** wieder für eine kurze Strecke, sodass z.B. Ottfingen und Hünsborn zwischen der Uerdinger- und der südlicheren Benrather

---

[4] Die nördlich beginnende Uerdinger Linie trennt das Nordniederfränkische Kleverländische (Kleve, Niederrhein) zusammen mit dem Nordniederfränkischen Ostbergischen (Oberberg, Gummersbach) vom Südfränkischen, dem Gebiet zwischen Krefeld / Uerdingen und Düsseldorf/ Benrath im Süden und das etwa bei Remscheid im Osten an das bergische Nordniederfränkische grenzt.

Linie liegen, u.a. mit dem Hinweis auf die „Echfinger“[5]- Variante des Wendschen Platts: statt „ick maken“ sagt man „ech bzw. eck maken“. Bei Altenhof trifft sie wieder auf die Benrather Linie.[6]

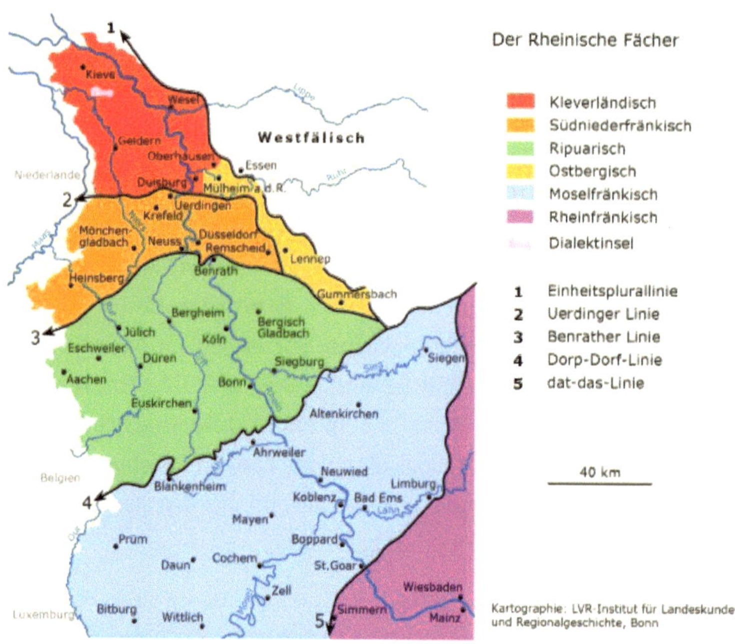

---

[5] *Verballhornung der „Ottfinger“, die „ech“ statt „ik“ sprechen.*

[6] *Petra M. Vogel von der Philosophischen Fakultät der Universität Siegen legt noch eine weitere Linie fest, die sogenannte Hilchenbacher Linie als Teil der Benrather Linie, die von Wenden (als Ort oder Land ist aus ihren Ausführungen zu nicht zu entnehmen) nach Hilchenbach geht. Damit würde der nördliche Zipfel des Siegerlandes allerdings zum niederdeutschen Sprachbereich gehören. Dies ist aber – bei allen Besonderheiten, die auch schon Heinzerling vor hundert Jahren erwähnte – in Zweifel zu ziehen.*

Doch damit nicht genug: im Nordwesten z.B. bei Bebbingen grenzt das Wendener Land an das Bergische Land (Eckenhagen) und damit an ein Übergangsgebiet des **Nordniederfränkischen Sprachraums (Ostbergisch) zum Ripuarischen**, weiter südlich bei Römershagen an den Wildenburgischen Raum, dessen Mundart im 19. Jahrhundert noch als „saynsches Rheinfränkisch“ bezeichnet wurde, heute aber zum **ripuarischen Mittelfränkisch** mit bergischen Einflüssen gezählt wird.

Dessen Einfluss wiederum auf das „Römmersche“ (Römershagener) Platt ist für aktive Wendsch-Platt-Sprechende gut zu hören[7]. Hinter der Süd- und der Südostgrenze hingegen, also auf der südlichen Seite der Benrather Linie, liegt das eindeutig moselfränkische mitteldeutsche Sprachgebiet des Siegerlands. Wir haben es also an den Grenzen des Wendener Landes mit dem Kumulationspunkt des **Rheinischen Fächers** zu tun.

Der Rheinische Fächer ist das Übergangsgebiet vom Niederfränkischen über das Ripuarische und Moselfränkische zum Rheinfränkischen. Er erstreckt sich von Nord nach Süd vom nordniederfränkisch, also niederdeutsch sprechenden Niederrhein und den Bereich des Bergischen Landes als ebenfalls niederfränkisch sprechenden Raum des Ostbergischen, weiter über den auch noch niederdeutschen, südfränkischen Bereich von Uerdingen bis Düsseldorf-Benrath, über den mitteldeutsch-ripuarischen Raum von Köln, Bonn bis Bad Honnef, dann das von Linz, Bad Hönningen, Koblenz bis St. Goar gehende moselfränkisch-mitteldeutsche Gebiet bis nach Speyer als rheinfränkisch-mitteldeutschen Bereich. In den ripuarischen und

[7] *Es gibt sogar Annahmen, die Mundart in Römershagen nicht mehr zum Wendschen und damit auch nicht mehr zum niederdeutschen Sprachbereich zu zählen.*

moselfränkischen Bereichen wurde die Zweite Deutsche Lautverschiebung nur teilweise durchgeführt. Die ripuarischen und südlich davon gesprochenen Mundarten im Bereich des Rheinischen Fächers werden daher weitestgehend zum Mitteldeutschen gezählt. Je nördlicher eine Mundart im Rheinischen Fächer liegt, desto mehr ähnelt sie dem Niederdeutschen oder dem Niederfränkischen. Als Sprachgrenze zum Westfälischen gilt die Einheitsplurallinie, die nördlichste Linie des Rheinischen Fächers.[8]

Die fränkischen Mundarten in Form des niederdeutsch-nordfränkischen Ostbergischen, des nord-mittelfränkischen Ripuarischen, auch Rheinländisch genannt, und des nord-moselfränkischen Siegerländischen treffen also unmittelbar an den Grenzen des Wendener Landes zusammen bzw. breiten sich von hier in nordwestliche bis südwestliche und südöstliche Richtungen aus. Nördlich des Wendener Landes wird ein sächsisches Niederdeutsch, das westfälische **Sauerländer Platt** gesprochen. Was aber ist das „Wendsche"?

Indizien: Das Wendsche Platt ist ein niederdeutsches Moselfränkisch

Das Wendsche Platt ist nach Übereinstimmung wissenschaftlicher Bestimmungen ein fränkischer Dialekt[9], der sich eindeutig vom (nie-

---

[8] *wikipedia.org › wiki › Rheinischer_Fächer*

[9] *U.a. Beckmann, Werner - Die Mundart von Wenden; in: Heimatstimmen aus dem Kreis Olpe, Hrsg.: Kreisheimatbund Olpe e.V. 3/1997 Folge 188 S. 263 ff*

der-) sächsischen Sauerländer Dialekt unterscheidet. Genauer gesagt, es handelt sich meines Erachtens bei dem Wendschen um eine noch **niederdeutsche Variante des Moselfränkischen**[10].

Die Annahmen von Fritz Wiemers im Heimatbuch des Amtes Wenden, dass die Eigenarten des Wendschen Platt durch den Einfluss über die auch historischen Fernwege ins Oberbergische entstanden seien, widerspreche ich und werde dies im weiteren Verlauf detailliert begründen. Wiemers geht offensichtlich beim Wendschen Platt von einem westfälischen Dialekt aus. An dieser Stelle soll der Hinweis zunächst genügen.

Der erste Grund ist, wie bereits erwähnt, dass das Wendsche Platt keinen **Einheitsplural** besitzt wie die weiter nördlich gesprochenen westfälischen Dialekte, was es gegenüber dem sauerländischen Platt abgrenzt. Und es ist wie die nördlichen Nachbardialekte niederdeutsch, hat also die zweite Lautverschiebung wie diese nicht vollzogen, was es zum Siegerländischen abgrenzt. Eine weitere Abgrenzung zum westfälischen Sauerländischen[11] liegt darin, dass dort im Gegensatz zum Wendschen das „Partizip Präteritum“, das Mittelwort der Vergangenheit, nicht mit einer Vorsilbe gebildet wird. Hochdeutsch *„gemacht“* heißt dann im Westfälischen *„maket“*

[10] *Meine Arbeitshypothese. Da Moselfränkisch mit der weitgehenden Übernahme der zweiten Lautverschiebung identifiziert wird, also nicht niederdeutsch, sondern mitteldeutsch ist, das Wendsche aber auch nicht zur nord- oder südniederfränkischen Sprache (Kleverländisch bzw. Limburgisch) gehört, ist dieser Begriff eine Hilfskonstruktion, wie auch das „Ostbergisch“ als Teil des Nordniederfränkischen eine solche ist. Ein passender Begriff muss noch gefunden werden. Vorschläge: Niederdeutsches Moselfränkisch oder Moselfränkisches Niederdeutsch.*

[11] *Wobei man hier für Olpe und Drolshagen als Übergangsdialekte eine Ausnahme machen muss*

(Elspe), während es im Drolshagener und Olper Platt heißt: „*jemaket*“, ebenso wie im Wendschen. Die Benutzung der Vorsilbe „*je-*“, die auch in derselben Form im nordwestlichen, moselfränkischen Siegerland, aber auch im oberbergischen Niederfränkischen gebraucht wird, weist darauf hin, dass die Olper und der Drolshagener Dialekte auch Übergangsdialekte vom niedersächsisch-westfälischen zum niederdeutschen fränkischen Raum sind.

Niederfränkisch wird der Dialekt genannt, der im auf deutscher Seite liegenden nordniederfränkischen Raum des Niederrheins (Kleverländisch) von Emmerich bis Uerdingen gesprochen wird, dann im sich anschließenden Raum des Südniederfränkischen bis Remscheid und Heinsberg (Limburgisch) und im ebenfalls nordniederfränkische Bereich des Bergischen Landes von Wuppertal bis Bergneustadt, was als Ostbergisch bezeichnet wird. Weitere niederfränkische Bereiche liegen in Belgien und den Niederlanden, wobei anzumerken ist, dass das Holländische ebenfalls eine nord-niederfränkische Sprache ist. Zu welchem Bereich aber soll das Wendsche gehören?

Nicht nachvollziehbar sind die Ausführungen im Plattdeutschen Wörterbuch für das Kurkölnische Sauerland, herausgegeben vom Sauerländischen Heimatbund. Der Verfasser des einleitenden Artikels „Zur dialektographischen Gliederung der Mundarten des kurkölnischen Sauerlandes“ Hans Taubken stellt dazu ohne weitere Belege oder Verweise auf einschlägige Fachliteratur fest, dass das Wendener Land ein Gebiet des niederfränkisch beeinflussten Einheitsplurals auf „*-en*“ sei. Von hier sei Einfluss auf die gegenüber der im übrigen Sauerland verbreiteten Endung „*-et*“ genommen worden, die dann im südlichen Olper Raum zur Endung „*-ent*“ im dortigen Einheitsplural wurde. Es sei also ein Übergangsdialekt.

Er schreibt: „Der größte Teil des Untersuchungsgebietes bildet – zusammen mit dem Westniederdeutschen – den Plural der Verben einheitlich auf -et (wir, ihr, sie) maket, lopet, usw., im Niederfränkischen wird der Einheitsplural auf -en gebildet, während das Siegerländische in hochdeutscher Weise -en, -et, -en unterscheidet. Der südliche Olper Raum bildet hier eine interessante Übergangszone, die zwischen dem Wendschen -en -Gebiet und dem nördlichen -et-Gebiet eine Form verwendet, die Elemente aus beiden Zonen vereinigt in einer Mischform -ent: lopent, makent usw". [12]

In dieser Erklärung sind m.E. fehlerhafte bzw. unvollständige Angaben gemacht und damit die falschen Schlüsse gezogen. Das Wendener Land liegt eindeutig südlich der Westfälischen Linie, die im Raum Olpe und Drolshagen tatsächlich die Pluralform der Verben mit *-ent* aufweist, was auch ein Hinweis auf eine Übergangsmundart ist. Unrichtig ist jedoch, dass auch das Wendsche einen Einheitsplural besitzt. Hier wird vielmehr der Plural wie im benachbarten Siegerland mit *-en, -et, -en* gebildet. Das Wendsche ist also kein *-en-Gebiet* wie der Verfasser Hans Taubken aus Münster behauptet.

Der in Teilen des Bergischen Landes gebildete niederfränkische Einheitsplural endet auf *-en*, was am bemerkenswerten Beispiel des niederfränkischen Velberter Platt heißt: *wir koken, jöt koken, si koken*. In dem Velbert unmittelbar benachbarten Westfälischen heißt es hingegen: *wi kuaket, jit kuaket, se kuaket*. Hier zeigen sich die von Taubken erwähnten niederfränkischen Einheitsplurale auf *-en* und die westfälischen auf *-et*. Im Olper Platt lautet der Einheitsplural: *wi kuakent, i kuakent, sei kuakent,* also Einheitsplural auf *-ent*. Das

---

[12] *Taubken, Hans – Zur dialektograhischen Gliederung der Mundarten des kurkölnischen Sauerlandes. In: Plattdeutsches Wörterbuch des kurkölnischen Sauerlandes; Hrsg.: Sauerländischer Heimatbund; Arnsberg 1988 S.22*

Wendsche kennt den Einheitsplural nicht. Hier heißt es *mej kooken, ej koket, se kooken.*

Wenn der Verfasser von „Erscheinungen, die aus dem Einfluss des niederfränkischen Raumes zu klären sind“ ausgeht, verkennt er, wie andere auch, dass es eine Basissprache geben muss, auf die Einfluss genommen wird. Und dies ist, wie Beckmann richtig schreibt, im Wendschen eine fränkische, keine westfälische. Daher kann es im Wendschen diese Einflüsse über die Normalität eines Dialektkontinuums hinaus nicht geben. Und wie und aus welchen Bereich des „Niederfränkischen“ der Einfluss kommen sollte, ist den Ausführungen Taubkens ebenfalls nicht zu entnehmen.

Auch Beckmann geht in seinen Ausführungen zur Geschichte der Olper Mundart[13] davon aus, dass das Olper und das Drolshagener Dialekt innerhalb der sauerländischen Dialekte eine Sonderstellung haben und dass beide auch fränkisch beeinflusst sind. Das ist nachvollziehbar und aufweisbar.

Noch einmal die Frage: Was aber soll das Wendener Platt sein?

Nehmen wir den Satz, den ein Mundartsprecher von sich und den seinen behauptet: „*Wir sprechen Platt*“. Dann sagt der sauerländisch sprechende Olper: „*Wi spriakent Platt*“ und der Drolshagener: „*Fi spriakent Platt*“, der Elsper würde „*wey*“ und der Kirchhundemer „*vi*“ sagen. Diese Form des „*wir*“ ist „*wi*“ oder „*fi/vi*“, wie es durchgehend nördlich der Benrather Linie gebraucht wird.[14] Auch im Ripuarischen wie dem Aachener Platt findet man *wir* in der Form „*fÿr*“ und als Anhang an ein Verb „*-fər*“. Im Bergischen wiederum heißt

---

[13] *Beckmann, W. – Die Geschichte der Olper Mundart. In: Schürholz, Carl – Plattdeutsches Wörterbuch für Olpe und das Olper Land. Olpe 2008 S. 15 f*

[14] *Rheinisches Wörterbuch I Bd. 9, Sp. 569*

es, wenn „wir“ betont wird, „*fī*“, unbetont „fə“ wie in „*lǫfə*“ »lasst uns«, „*zufə*“, »sollen wir«, „*wefə*“ »wollen wir«.

Und was sagt der Wendsche? „*Mej*“[15]. Dieses Wort als eine Variante des „*mir*“ gibt es laut **Rheinischem Wörterbuch** nur südlich der Benrather Linie. „*Wir*“ erscheint dort als „*mīr, -ē-*, nebenbetont *mer*, unbetont *mər*“[16]. In den Gebieten südlich der Benrather Linie „bedeutet *mər* mit Sg. des Zeitw. auch »*man*«, das sonst *mə(n)* lautet“[17]. Und die benachbarten Siegerländer? Auch ein „*mər*“- Gebiet.

Und was ist in Olpe einer, der schwätzt? Einer, der „schwatert“, also schwatzen, unsinniges Zeug reden[18]. Das Wort „reden“ findet sich im **Olper Wörterbuch** nicht, wohl aber sprechen, „*spriaken*“ und „*jespruaken*“. Aber der Wendsche sagt: „*Mej schwätzen Platt*“. Sind die Wendschen also im hochdeutschen Sinne „*Schwätzer*“?[19] Mitnichten.

---

[15] *Auf dieses für mich Selbstverständliche und damit Unsichtbare hat mich mein Freund Franz-Günther Stachelscheid aus Drolshagen aufmerksam gemacht. Als „bilingualer“ Mundartsprecher – seine Mutter spricht Wendsches, sein Vater Dräulzer Platt – hat er ein besonderes Verhältnis zu den Mundarten.*

[16] *A.a.O. Rheinisches Wörterbuch I (Bd. 9, Sp. 569); auch: Wir wollen ja nicht gleich die Bayern und ihr: „Mia san mia“ übernehmen.*

[17] *Rheinisches Wörterbuch I (Bd. 9, Sp. 569)*

[18] *Schürholz, Carl: Plattdeutsches Wörterbuch für Olpe und das Olper Land Olpe 1969 S. 346.*

[19] *Eine abschätzige Form des Sprechens bezeichnet der Wendsche als „soudern“, was auch gleichzeitig bedeutet, „eine Arbeit nachlässig durchzuführen“. Im moselfränkischen Siegerländisch heißt es „sūrərn“. Im RWB wird dieser Begriff nur für den moselfränkischen Bereich festgestellt. Wer „soudert“ ist ein „Souderlappen“, womit auch die Verwandtschaft zu „süttern“ im Drolshagener Platt erkennbar ist, wo es aber so viel bedeutet wie „ein unappetitlicher Ausfluss“ aus einer Wunde oder einer wenig gereinigten*

Andersherum wird ein Schuh daraus: das Verb *„sprechen"* fehlt im fränkischen Sprachbereich südlich der Benrather Linie weitgehend. Es wird nur in einem Fall, und dann nicht menschlich, sondern biblisch gebraucht: „Und Gott sprach..." Im Rheinfränkischen und **Moselfränkischen** hingegen ist *„schwätzen"* das einzige Zeitwort für den einfachen Begriff des Sprechens. *„Reden"* wird dagegen prahlerisch verstanden. Ein Kind kann schon *„schwätzen"*. Und der Siegerländer sagt: *„Schwätze, wie mer et gelihrt hät"*. Der Wendsche: *„Schwätzen, wie m'et jeleehrt hätt"*. Man könnte so in einer Anlehnung an die Benrather Linie auch von einer **„spriaken- schwätzen" Linie**- ja was? reden, sprechen, schwätzen? Der Wendsche wüsste schon, was er sagt.

Und über unseren kleinen Sprengel hinaus heißt es im gesamten Moselfränkischen Bereich von Wenden und Siegen bis ins Luxemburgische und nach Lothringen: **Mer (mej) schwätze(n) platt**. Und damit sind wir im nächsten Schritt, bei dem Rückschlüsse gezogen werden.

Rückschlüsse: Einzelheiten zum Wendschen Platt als niederdeutsches Moselfränkisch

Im folgenden Teil werde ich anhand ausgewählter, aber typischer Beispiele die Verwandtschaft des Wendschen Platt mit dem Nordwest-Siegerländischen, was in der Literatur als „Ferndorftaler" bezeichnet wird, aufzeigen. An anderer Stelle habe ich bereits verdeut-

---

Pfeife. Auch hier ist bei ähnlicher Wortwahl – wie bei schwätzen – eine eigenständige Bedeutung vorhanden, die sich auf den Kulturraum des Wendschen und des nördlichen Siegerlandes bezieht.

licht, dass der Wendener Raum und das nördliche Siegerland historisch ein gemeinsamer Kulturraum waren, was sich neben der Sprache, u.a. an den für beide Bereich zutreffenden Verdorfungen im Mittelalter gegenüber der Weilerbildung im nördlich vom Wendener Land gelegenen Bereich und der Realteilung gegenüber dem sächsischen Anerbenrecht zeigt.[20] Eine besondere Rolle wird dabei das nordwestliche Siegerland, also die unmittelbare Nachbarregion des Wendener Landes, spielen, da sich hier u.a. in Sprachformen, Begriffen und Bedeutungen so viele Gemeinsamkeiten zeigen, dass von einer gemeinsamen Basissprache ausgegangen werden kann, die sich im Wesentlichen nur dadurch unterscheidet, dass das Nordwest-Siegerländische die Lautverschiebung zumindest teilweise vollzogen hat, während das Wendsche Platt eine eindeutig niederdeutsche Sprache geblieben ist.

Voraussetzungen und Bedingungen des Vergleichs mit dem Siegerländischen

In den Ausführungen zum Siegerländischen berufe ich mich auf zwei Werke des 19. Jahrhunderts, auf Jacob Heinzerling[21] und Bernhard Schmidt[22]. Beide waren des siegerländischen Dialekts mächtig und haben ihre Untersuchungen vorgenommen und als Dissertationen vorgelegt, als der schriftsprachliche Einfluss und die innerregionalen Vermischungen noch nicht oder nur peripher vorhanden waren. Das

---

[20] *Siehe dazu: Wolf, W. – Höëwingen – Ermittlungen zur frühen Geschichte eines Dorfes, BoD Norderstedt 2021*

[21] *Heinzerling, Jacob – Über den Vocalismus und Consonantismus der Siegerländer Mundart, Marburg 1871*

[22] *Schmidt, Bernhard – Der Vocalismus der Siegerländer Mundart; Berlin 1894*

hat für eine an Quellen orientierte Arbeit eine eminente Bedeutung. Dass damals in jedem Dorf ein eigener Dialekt gesprochen wurde, der dem größeren Sprachraum des Siegerländischen angehörte, aber gleichzeitig in den Nachbarorten verstanden wurde, ist für meine Untersuchung von erheblichem Vorteil, lässt dies doch auf eine Sprachbasis schließen, die noch originär ist. Die Untersuchungen von Heinzerling werden im Übrigen von Jacob und Wilhelm Grimm im Deutschen Wörterbuch insgesamt achtmal als Quelle benutzt, was für die Qualität seiner Untersuchungen spricht.[23]

Die gleichen Voraussetzungen gelten für das Wendsche Platt. Ich bin aufgewachsen in einem Ort und in einer Zeit, wo das Wendsche Platt Alltagssprache war. Sowohl im Umfeld meines Elternhauses, in der Verwandtschaft und im Dorf bei allen Formen der Kommunikation wurde Platt als selbstverständliche Alltagssprache genutzt. Und zu dieser Zeit der 50-ger und 60-er Jahre war auch das Wendsche Platt noch nicht von schriftsprachlichen Begriffen durchwirkt. Wenn heute im Westfälischen Wörterbuch für *„sprechen"* *„spreäken"* als Wendscher Begriff angegeben wird, würde dies damals *„schwätzen"* geheißen haben[24]. Hier scheint sich, wenn schon kein Fehlschluss vorgenommen wurde, so doch der Einfluss der hochdeutschen Schriftsprache mit „wendschem Zungenschlag“ ausgewirkt zu haben. Als ich vor kurzem einen älteren bekannten Musiker aus Hünsborn, von dem ich wusste, dass er (zumindest auf einem Ohr, wie sich zeigte) fast taub war, sehr laut ansprach, zuckte er zusammen und gab mir zur Antwort: „Schwätze nit so hoart.“ Wenn ich also vergleiche, dann mit einem Wendschen Platt, wie ich es als Kind und

---

[23] *Deutsches Wörterbuch von Jacob Grimm und Wilhelm Grimm, digitalisierte Fassung im Wörterbuchnetz des Trier Center for Digital Humanities, Version 01/21,*

[24] *Dies ist nicht die einzige Ungenauigkeit des Plattdeutschen Wörterbuchs zum Wendschen Platt.*

Jugendlicher gehört und weitgehend auch gesprochen habe und wie es auch heute noch weitgehend gebraucht wird.

Abgrenzungen zur Annahme einer „nur“ niederfränkischen Mundart

Dass das Wendsche Platt eine niederfränkische Mundart ist, betont Beckmann wiederkehrend in seinen Veröffentlichungen. Seine Argumente und Vergleiche beziehen sich allerdings u.a. auf den Oberbergischen Dialekt. Dass es hier ausgesprochene Ähnlichkeiten gibt, die seine Annahme stützen, ist von der gemeinsamen Wurzel des Fränkischen vor der zweiten Lautverschiebung nachzuvollziehen, aber nicht ausreichend.[25] Zum einen bringen die Vergleiche zum nordniederfränkischen Kleverländisch, dem Dialekt des nördlichen Niederrheins, weitere und z.T. schlüssigere Nachweise für das gemeinsame Sprachsystem, zum anderen sind insbesondere das Moselfränkisch des Siegerlandes auch im Blick auf linguistische, kulturelle und historische Beziehungen einzubeziehen. [26]

Leider hat Beckmann in seinen Ausführungen in den Heimatstimmen keinen umfassend schlüssigen Grund genannt oder Beweis vorgelegt, inwiefern das Wendsche eine niederfränkische Mundart sei[27]. Dass die westfälischen Formen der Personalpronomen anders als die hochdeutschen und - wie er annimmt - die siegerländischen kein „*r*“ am Ende haben, ist noch kein ausreichender Nachweis. Aus seinem Schluss: „Die westfälischen Formen sind alle ohne -r am Ende

---

[25] *Ich werde weiter unten auch auf Gemeinsamkeiten eingehen.*

[26] *Weiter unten werde ich auf sprachhistorische Begründungen eingehen.*

[27] *Beckmann, Werner - Die Mundart von Wenden - Ist die Mundart von Wenden westfälisch oder fränkisch? In: Heimatstimmen aus dem Kreis Olpe 3 / 1997 - Folge 188 S. 272*

(im Auslaut), und genauso ist es auch mit den Formen im Dialekt von Wenden: „mej“ „mir“, „dej“ „dir“, „mej“ „wir“, „ej“ „ihr“. Dass aus dem alten langen *i* in diesen Wendener Formen ein *ej* geworden ist, ist nicht weiter wichtig“[28] Ich widerspreche dem und finde es schade, dass Beckmann in seinen Recherchen zum Wendschen Platt nicht die gleiche wissenschaftliche Akribie aufgewiesen hat, die ansonsten für seine Arbeit und sein umfangreiches Wissen und Engagement stehen.[29]

Denn gerade diese Variante des „*wir*“ beweist aus meiner Sicht den zum Moselfränkischen gehörenden Charakter der Wendener Mundart. Auf die Beziehung zum Siegerländischen wies Norbert Scheele bereits 1939 in einer Rezension zum Siegerländischen Wörterbuch von Heinzerling hin: „weil die Mundarten des Kreises Olpe, insbesondere die des Amtes Wenden, mit denen des Siegerlandes manche Berührungspunkte haben...Ueber die singende und klingende Mundart des Amtes Wenden, die gegenüber der platten Sprache des übrigen Kreises Olpe scharf absticht, müßte eigentlich eine besondere Untersuchung vorliegen.“[30]

---

[28] *Beckmann, Werner 2008 S.272*

[29] *Beckmann hat auch auf meine persönliche Anfrage zu diesen Punkten bislang keine Stellungnahem abgegeben.*

[30] *Scheele, Norbert in Heimatblätter Olpe Nr. 9-12/Sept.-Dez. 1939, Heimatstimmen Olpe F 75/1969, S. 122f*

Einige Einzelheiten zum Wendschen Platt als niederdeutsches Moselfränkisch und die Verwandtschaft zum Nordwestsiegerländischen

Im Sinne einer Wortgeografie[31] werde ich anhand ausgewählter, aber typischer Beispiele die Verwandtschaft des Wendschen Platt mit dem Nordwest-Siegerländischen, was in der Literatur als „Ferndorftaler“ bezeichnet wird, aufzeigen.

An dieser Stelle kann zwar nicht ausgiebig auf die Entwicklung der Siegerländer Mundarten eingegangen werden, jedoch so weit, dass eine Erklärung für den Zusammenhang mit dem moselfränkischen Dialekt in Bezug auf das Wendsche Platt hergeleitet werden kann.

Mej, das wendsch-fränkische Wir und der Bezug zum Siegerländischen

Ein wesentliches Unterscheidungsmerkmal zwischen dem nordniederfränkischen (z.B. Ostbergischen) und moselfränkischen Bereich ist – wie bereits erwähnt - der Gebrauch des hochdeutschen Personalpronomens „*wir*". Die Benrather Linie, die den ober- und mitteldeutschen Sprachbereich vom niederdeutschen trennt, trennt gleichzeitig zwei für die jeweiligen Bereiche typische Formen für das Pronomen. Nördlich der Isoglosse wird in den Mundarten „*wir*“ in den unterschiedlichen Formen gesprochen, während es südlich als

---

[31] *Die Wortgeographie als Teildisziplin der Dialektgeographie beschäftigt sich mit der geographischen Verbreitung des mundartlichen Wortschatzes. Quelle: Schohaus, Renate: Zur Wortgeographie und zu den Wörterbüchern; in: Goosens, Jan: Niederdeutsch – Sprache und Literatur; Bd. 1 Sprache- Neumünster 1983. S 175*

mīr, -ē-, nebenbetont *mer*, unbetont *mər* erscheint.[32] Davon unterscheidet sich noch einmal die Wendsche Form durch „*mej*"(lautsprachlich: *mëį*).

Im Siegerland hingegen spricht der Mundartkundige „*mīər*", viele sogar im eigenen Regiolekt „*mər*" mit dem typisch siegerländisch gesprochenen „r" mit zurückgebogener Zungenspitze. Sagt der Siegener „*mīər*" formuliert der Ferndorfer im Nordwestsiegerland "*mi*" (und "*ti*", ebenfalls mit offenem i), während der Wendsche von "*mej*" (bzw. „*dej*") spricht.

Entstanden ist diese im Siegerland gebräuchliche Form des „*wir*" aus der enklitischen Stellung[33] etwa von *han wir - hamwər - hamər*. Im Grimmschen Wörterbuch wird dies sogar als Regel formuliert: „wie im anord. wird nach dem verbum stehendes *wir* an das -n der verbalendung assimiliert zu *mir, mer*, und dann vielfach zur alleinigen form der mundart erhoben"[34]. Grimm weiter: „dies *mir* gilt mundartlich heute im gesamten obd. (oberdeutschen) und dem md (mitteldeutschen) ... obd. und md. herrschen *mer, mir, mier u. s. w.* (nebentonig *mər*) stark vor, ... im östl. Hessen und westl. Thüringen überwiegen formen ohne r wie *mi, mei, mē*, die kompromiszformen

---

32 „wir", Rheinisches Wörterbuch, digitalisierte Fassung im Wörterbuchnetz des Trier Center for Digital Humanities, Version 01/21, Bd 9, Sp. 569

33 Das betonungsschwächere Wort „wir" wird an die vorausgehende dialektische stärker betonte und bedeutungsstärkere Form des „haben", also „han" angelehnt. Der einfacheren Aussprache wegen wird aus „han wir", bei dem ein leises „ə" – also „hanəwir" automatisch mitklingt, ein "hamwir" oder „hamwer", das wiederum dialektisch zu „ham-mir" wird. Darauf verweisen auch J. und W. Grimm: „spätahd., mhd. und frühnhd. ist wie auch heute vielfach dialektisch abfall von -n oder -en der verbalendung vor enklitischem wir (bzw. mir) bezeugt" in: Deutsches Wörterbuch von Jacob Grimm und Wilhelm Grimm, digitalisierte Fassung im Wörterbuchnetz des Trier Center for Digital Humanities, Version 01/21; Bd. 30 Sp. 523

34 „wir, pron.", Grimm, Jacob und Wilhelm 2008 Sp. 523

des älteren *wi* mit neuerem *mir* darstellen; nd. nördlich der Ürdinger linie gilt hauptsächlich *wi* neben *wei, wē*“ [35].

Wie aber kommt es zu der außergewöhnlichen Form des „*wir*“ des Wendschen, wenn dieser im Platt sagt: „*Mej maken - dann makeme*“, betont „*dat maken mej*“? Und wie kommt es zum „*mej*", wo der benachbarte Siegerländer eindeutig „*mir*" mit offenem hohen i spricht, der benachbarte Olper im westfälisch-sauerländischen Platt „*wi*" und der Drolshagener „*fi*"? Dazu ein kleiner Exkurs zur Artikulation des Wendschen Platts.

Wenn man einen Dräulzer zu seinem Platt fragt, sagt er „*Fi spriakent Platt*". Dass hierbei der westfälische Einheitsplural benutzt wird, hat an dieser Stelle keine Bedeutung. Aber der Dräulzer sagt „*fi*" und „*spriakent*" und der Ölper sagt „*wi*", und beide mit einem hohen -*i*, wie im hochdeutschen „Kiebitz". Es heißt in diesen benachbarten Dialekten auch *„mi", „di" und „friggen".*

Will man von einem Wendschen ein solch offenes hohes -*i* hören, kann man ihn nach der Mutter von Jesus fragen, und er wird „Maria" sagen, wie alle anderen. Auch die Kurzform „Mia" geht ihm mit offenem hohen –*i* über die Lippen, aber das Mariechen, eine Verkleinerung, wird zum „*Moarchen*", ohne i und a zu –*oa*- verdunkelt.

Und da, wo auch im Wendschen ein -*i* gesprochen wird, klingt es dunkler. „*Finschtern*" klingt dumpfer, nicht aber - wollte man das lateinische Wort "finestra" gebrauchen – mit einem offenen hohen -*i*. Dagegen das Ölper „*Finsteren*", das schon durch die nachfolgenden -*e* und das -*st*, erst recht im Plural „*Finsterzien*“ ein hohes –*i* zeitigt.

---

[35] *„wir, pron.“, Grimm, Jacob und Wilhelm 2008 Sp. 523*

Auch das *„Ich"*, je nach dem in welchem Dorf man ist, klingt wendsch als *„ik"* oft eher wie ein Mittellaut zwischen -*ä* und -*i*, in Hünsborn eher wie "*äck*" und in Ottfingen eben "*ech*", offenes -*ä*. Die Dialekte der Ölper und Dräulzer haben durch den auch gesprochenen Nachschlag (Diphthong) des -*ə* hinter dem -*i*, also *iək* das höher tönende -*i* als Standard.

Wie ist es dann mit den anderen *„Ich"* Formen? Mittelhochdeutsch heißt es ebenfalls *ich*, dann *mîn* und *mînes*, *mir* und *mich*. Im Mittelniederdeutschen sind es *„ik"*, Dativ und Akkusativ *„mi"* (der Genetiv fällt weg), im Plural *„wi"* und *„uns"*.

Nun hat das Niederdeutsche ein *„mi"*, das *„mir"* und *„mich"* bedeutet. Wenn nun ein Wendscher das betonte *„mi"* sprechen soll, wird nicht das hohe -*i* herauskommen wie beim siegerländisch *„mir"*, sondern ein verdumpftes, eher geschwächtes -*i*, das einem Zwischenlaut zwischen „-*i*“ und „-*ə*“ entspricht[36]. Wer diesen Zwischenlaut spricht, wird spüren, dass der Mittelteil der Zunge sich dem Gaumen nähert - und damit ganz nah am Halbvokal -*j* ist. Von *„mi"* zu *„mej“* (lautschriftlich: *mëį*) ist es nur ein winziger Schritt.

Dieser Zwischenlaut ist im Übrigen im gesamten nordniederfränkischen Sprachraum, insbesondere im Kleverländischen am Niederrhein, in *„mej"* für *„mir"* und *„mich"* üblich. Hier ist auch davon auszugehen, dass dies die ältere Form ist, die dort das auch im benachbarten südniederfränkisch gebräuchliche *„mi“* diphthongiert hat und so zu *„mej“* wurde.[37]

---

[36] *Im Übrigen wie im Siegerland, wo bei tonlosen -i-Endungen keine Schwächung zu -ə erfolgt, sondern ebenfalls dieser Zwischenlaut*

[37] *Vgl. dazu: Bakker, Frens und van Hout, Roeland: Personalpronomen und die Trennung zwischen dem Südniederfränkischen und dem Kleverländischen auf deutscher und niederländischer Seite der Staatsgrenze - Zeitschrift für Dialektologie und Linguistik; Bd. 82, H. 3 (2015), pp. 286-330*

Warum aber heißt es auch in der ersten Person Plural „*mej*"? Die Erklärung wird einfach sein: zum einen gab es bereits mit dem Dativ des „*ik*", also „*mej*", ein Wort, dass eine Veränderung des *mir* zu *mi* und dann zu (lautsprachlich) *mëį* vollzogen hatte und bei gleicher Grundlage auch eine gleiche Form übernimmt. Damit bot sich zusätzlich zum enklitischen Gebrauch des „*mer*" auch die Übernahme des „*mej*" an. Es handelt sich hier um einen Assimilationsvorgang, der auch im Verhältnis von „*mej*" und „*dej*" zu verzeichnen ist.[38] So ist im Wendschen auch das gesprochene „*föə*" nur im Zusammenhang erkennbar, ob es „*vor*" oder „*für*" bedeutet, also „*föə dä döä*" – „*vor der Tür*" oder „*hä seate föə mick*" – „*er sagte für mich /zu mir*" bedeuten soll. Das Wort „*säjen*" kann ebenso *sägen* wie *säen* bedeuten. Viele Beispiel wären noch zu nennen.

Dieser Wandel des *-i* zu *-ej* liegt auch bei anderen Worten vor, die für einen Vergleich dienen können.[39] Es sind beispielhaft das „*bei*" und das „*hier*". Das schon gotische „*bi*" lautet im siegerländischen weiterhin „*bi*", während es im Wendschen eine Verdunklung zu „*bej*" (lautschriftlich: *bëįj)* erfährt. Typisch ist auch, dass dieses „*bej*" als hochdeutsch *bei*, eine Bedeutung bekommt, bei dem hochdeutsch eher *zu* gesprochen würde. *Komm mal bei mich* statt *Komm zu mir:* „*Kumm eijs bej mik*"

(45 pages); Published By: Franz Steiner Verlag Zeitschrift für Dialektologie und Linguistik

[38] *Vgl. Bakker, Frens und van Hout, Roeland 1994*

[39] *Ein historischer Vergleich aus dem Atlas Deutsche Sprache: „Las man einen lat. Text (im Mittelalter; d. Verf.), so sprach man genauso wie im Deutschen für ī ei und für ū ou. So wurde vīnum zu vejnum, ūnus zu ounus. Deswegen wurde 1482 auch Herzog Eberhard von Württemberg bei einer Audienz beim Papst nicht verstanden"; König, Werner: dtv-Atlas Deutsche Sprache München Deutscher Taschenbuch Verlag 1978 S. 24*

Bei *hier* fällt im Siegerländischen wie im Westfälischen, das *-r* weg und es bleibt *hi*. Es ist nicht dasselbe Wort wie das ältere *hie*, das von *hier* verdrängt wurde, sondern der typische Wegfall des *-r* [40]. Im Wendschen Platt heißt es dann gemäß der Regel *„hej"* (*hëį*).[41]

Festzuhalten bleibt, dass es keine zufällige, sondern logische Entwicklung war, dass im Wendschen das *wir* zum *mej* wurde. Damit ist es ganz anders, als Beckmann es in seinen Ausführungen zum Wendschen Platt meint. Im Gegenteil, es ist ein Schlüssel, um das Wendsche zu verstehen.

Meine bereits erwähnte These ist, dass das Wendsche Platt ein niederdeutsches Moselfränkisch und in einem Kontinuum mit dem Nordwestsiegerländischen Dialekt entstanden ist und sich auch im weitergehenden Kontakt mit diesem weiterentwickelt hat. Das wird nun weitergeführt.

---

[40] *„hier, adv. hîc, an diesem orte. goth. alts. ags. altn. hêr, altnfr. hier, ahd. hiar, hear, hier, mhd. hier, eine form die gegen das gewöhnlichere hie sehr zurücktritt. die letztere (s. sp. 1305) ist noch bis ins 16. jahrh. die gebräuchlichere, wie sie bei Luther immer steht; erst nachher beginnt die alte form hier wieder vorzudringen, um seit dem 18. jahrh. die entschiedene oberherschaft, in der heutigen schriftsprache die alleinherschaft zu gewinnen. hier hat, wie hie, die bedeutungen" hier, adv.", Grimm Jacob und W. 2008 Sp. 1316*

[41] *Ergänzend dazu: Im Niederfränkischen wird, wenn das -r wegfällt, wie es beim ursprünglichen „her" für „er" der Fall ist, aus dem enklitischen „e" ein „ä". Diese für das Nordniederfränkisch geltende Regel, nach der das ursprüngliche „həij" durch das aus dem Ripuarischen stammende „her", das zu „he" wurde, ist auch auf niederdeutsche Fränkisch des Wendschen Platt zu schließen. Hier heißt es wie im nordniederfränkischen „hä".*

Präzisierungen

Im Folgenden präzisiere ich die oben angeführten Argumente. Dazu werde ich eine Abgrenzung zu Beckmanns Annahme schaffen, dass „die alte Wendener Form vielleicht einmal der Form von Olpe *wi* gleichlautend gewesen ist. Später hat sie dann das anlautende *m* angenommen, und es ist eine Mischform (kontaminierte Form) aus fränkischem *mir* „wir" und westfälischem *wi* „wir" auf Wendener Boden entstanden."[42] Eine Veränderung des „w" hätte wohl zu einem „*f*-" oder „*b*-Laut" werden können, wie es in niederdeutschen Dialekten und in einer Variante an der Mosel geschieht. Dort wird das „Wenn man...", das im Wendschen „*Wamme...*" lauten würde, zu „*Bamma...*" oder als weiteres Beispiel die unterschiedliche Schreibweise der Wüstung in der Nähe von Ottfingen nahe Wenden, die in Urkunden einmal als Wohmelinge, ein anderes Mal als Bohmelinge beschrieben wird. Das *m* stammt daher wohl eindeutig aus dem (mosel-)fränkischen Dialekt wie das des benachbarten Siegerlandes über das dort gängige „*mīər*".

Was ist aber mit dem Vokal *i* bzw. dem Halbvokal *j (i̯)*? Hier gilt es, ebenfalls die benachbarten Formen, insbesondere im nördlichen Siegerland zu betrachten. Die betonte Variante des „wir" ist im gemeinsiegerländischen „*miər*", unbetont auch „*mer*" oder „*mə*".

An dieser Stelle sind mehrere Erklärungen für „*mej*" zu finden. Für das Siegerländer Dialekt gilt allgemein, dass das germanische „*lange i*" (ī; wie in „Wiese") nicht, wie in den benachbarten rheinfränkischen Dialekten (z.B. Hessisch) diphthongiert wurde, das heißt, dass aus dem „*ī*" ein geschriebenes „*ei*", ein gesprochenes „*ai*" wurde. Im

[42] *Beckmann, Werner 2008S. 270; meine persönliche Anfrage, aufgrund welcher Quelle er von einem „alten Wendschen Dialekt" ausgeht, ist bisher leider unbeantwortet geblieben.*

Siegerländer Dialekt bleibt das „*ī*“ z.B. in „*īsə*“ für Eisen, ahd. „*īsan*“, bestehen (auch hier wie bei dem Infinitiv der Verben ohne das End-*n*). Im nördlichen Siegerland, dem dem Wendener Land am nächsten liegende Teil fällt zudem oft nach „*ī*“ der nachfolgende Konsonant weg. Als Beispiel sei hier das im Hilchenbacher Dialekt gesprochene „mi“ statt siegerländisch „min“ genannt.

Eine weitere Besonderheit des Siegerländer Dialekts ist die Behandlung des auslautenden „*ī*“, das zu einem offenen freistehenden „*ë*“ herabsinkt und einen Frikativ (Reibelaut), nämlich ein „*j*“ (*i̯*) nach sich zieht. Der neue Laut ist nun ein „*ëj*“. Aufzeigen kann man das u.a. an der „Freierei“, dem werbenden Handeln[43]. Im Westfälischen Platt ist es „*friggeri*“ wie im Nord- und Westkreis Olpe, im Olper oder Drolshagener Platt. „*Fraierai*“ wäre es im Hessischen, im Siegerländischen hingegen „*frëjərëj*“ - und das gleiche lautgetreu auch im Wendener Dialekt.

Für den Wendener Dialekt lassen sich weitere Begriffe finden, die ein „*ëj*“ besitzen. Wie bereits erwähnt heißt im Siegerländischen „hier“ einfach „hë“ oder „*hi*“, „mhd. *hier*, eine form die gegen das gewöhnlichere hie sehr zurücktritt.“[44] Im Wendschen wird daraus „*hëj*“. Im weiteren Moselfränkisch bis zum Westerwald hat es sich als „*hę·i*“ entwickelt, in Zusammensetzungen auch als *həj* oder *əj*. Ein Sieb oder Seihe ist eine „*sëj*“, siegerländisch „sei“, das Beil, mhd. Bihel, wird zum „*bëjel*“.

So ergibt sich neben der „wendschen Artikulation“ auch über die Gemeinsamkeit mit dem Ferndorftaler eine schlüssige Erklärung für das Wendschen „mej“ (*mëi̯*).

---

[43] *„freier, m.“, als „der werbende, bulende, nicht schon der bräutigam und heiratende“ Grimm Jacob und W. 2008 Bd 4, Sp 104*
[44] *„hier, adv.“, Grimm Jacob und W. 2008 Bd.10 Sp 1313*

Ausgewählte Beispiele einer Spracheinheit – das „Ferndorftaler“

Der Dialekt des „Ferndorftals“ ist eindeutig siegerländisch und damit moselfränkisch. Das ist u.a. daran zu erkennen, dass wie im gesamten Siegerland der Infinitiv der Verben kein *-n* am Ende hat. Daher heißt es im Südsiegerländischen „*finne*“, also „*finden*“, oder „*senge*“, „*singen*“, „*setze*“, „*sitzen*“. Im letzteren zeigt sich auch die siegerländische Abschwächung des inlautenden *-i* zu *-e.*

Auch der „Ferndorftaler Dialekt“ kennt kein End-*n* im Infinitiv der Verben, aber das Doppel-*n* wird nasaliert zu *-ng*. Dann heißt es also „*finge*“ und „*singe*“, was auch gleichzeitig zeigt, dass dort das innenlautende *-i* nicht geschwächt wird zu *-e*. Heißt es im Südsiegerländischen „*onner*“ für „*unter*“, wird im Nordwesten sowohl nasaliert als auch das *-u* genutzt und heißt jetzt: „*unger*“.

Das Perfekt von „*finden*“, also „*finne*“, lautet südsiegerländisch „*gefonne*“, es wird also mit dem Präfix „*ge-*“ gebildet und wie im Hochdeutschen umgelautet. Auch im „Ferndorfer“ wird das Perfekt mit einer Vorsilbe gebildet, nur heißt sie hier „*je-*“, gleichzeitigt umgelautet von *-i* zum *-u* und nasaliert: „*jefunge*“. Analog dazu: „*senge*“ – „*gesonge*“ – „*jesunge*“.

Und wie lautet es im Wendschen? Wie im Ferndorfertaler Siegerländisch lautet es hier „*fingen*“ und „*jefungen*“, „*singen*“ und „*jesungen*“. Also umgelautet wie nordwestsiegerländisch, mit Vorsilbe, Doppel – n wird nasaliert, aber der Infinitiv behält das End-*n*. Zudem findet hier bei „*finden*“ der Wandel des „Zahnlauts“ „-d-“ in den Gaumenlaut „-g-“ statt. Dies wird später noch einmal im Zusammenhang mit einer fränkischen Reliktmundart aufgegriffen.

Eine überall vorkommende Pflanze wie der Sauerampfer heißt im kurkölnischen Sauerland *Ampert* (Kirchhundem) oder *Suərampert* (Olpe), im gesamten Süd- und Nordfränkischen Raum in vielen Varianten *-ambəl* (Altenkirchen), *-ampəlts* (Gummersbach), *hampərt* (Bergneustadt), letztere also Ostbergisch-niederfränkisch. Dagegen lautet der Name der allgegenwärtigen Pflanze im Nordsiegerland *suram* (Krombach, Ferndorf, Mittelhees) mit zwei Varianten als *surjam* (Buschhütten) und *surlam* (Trupbach). Im Wendschen Platt ist es, wie nicht anders zu erwarten, ebenfalls *suram.*

Das aus Weizen gebackene Brot heißt im Ferndorftal und im Wendschen: *Hehrbroat,* von *„hehr"*, was so viel wie feingemahlen, aber auch hoch erhaben, stolz bedeutet. Alt- und mittelhochdeutsch *hêr.* Ebenfalls zu Brot gehörig ist im Ferndorftaler Dialekt wie im Wendschen die *„Ranke"*, eine Scheibe Brot, eher grober geschnitten, was Bernhard Schmidt mit „rund schneiden von einem großen Laib Brot" deutet. Typisch ist auch die *„Dong"*, das Butterbrot, im „Wendschen die *„Dunge"*[45].

Im südsiegerländischen wird nach Möglichkeit auf den -*o* und den –*u* Umlaut verzichtet, im Nordwesten aber nicht. Dort ist ein –*ü* durchaus üblich, was im Wendschen dann oft zum –*ö* wird.

Historische Rückschlüsse

An diesen Beispielen der hohen Affinität lässt sich zeigen, dass es sich bei der Wendschen Mundart um einen **niederdeutschen moselfränkischen Dialekt** handelt. Wie aber kommt es – abgesehen von einem **Dialektkontinuum**, das wir für das Wendsche Land auch

---

[45] *Siehe dazu auch mein Vorwort und die „Dungenböasse".*

feststellen können – zu einer solch hohen Ähnlichkeit des Wendschen Platt zum Siegerländer Platt? Hier müssen auch wir auf andere Quellen, als die sprachwissenschaftlichen zurückgreifen. Otto Lucas verweist in seinem Werk zum Kreis Olpe darauf, dass das Wendener Land „seine stärksten Impulse in der kulturlandschaftlichen Entwicklung vom Siegerland erhalten“[46] hat, was unter anderem mit der vorherrschenden Realerbteilung erklärt wird. „Auch in den Ortsformen, in den mehr oder minder großen Haufendörfern, ähnelt diese Landschaft dem Siegerland. Nur in den Ortslagen, Vorherrschen der Quellmuldenlagen, macht sich der andersartige orographische Charakter der flachwelligen Hochflächen bemerkbar“[47]. R. Quieter verweist in seinen Ausführungen zu „Wenden in Mittelalter und Früher Neuzeit“[48] auf die vielfältigen Beziehungen und Lehensverhältnisse zum Siegerland. Der Fokus auf eine rigide Abgrenzung ist erst in der frühen Neuzeit entstanden, nachdem das Kölsche Heck, eine politisch-ökonomisch-militärische Befestigung, zwischen Siegen-Nassau und Kurköln, errichtet wurde, die neben der politischen auch eine bis in das 20. Jahrhundert hinein wirksame konfessionelle und von hier auch kulturelle Grenze war. Dabei wird häufig außer Acht gelassen, dass es eine Vielzahl von „Schlägen“, also nur teilweise kontrollierte Übergänge an der Befestigung gab[49]. Zudem liegen auch Dokumente über die gemeinsame Nutzung der Grenzwälder als Viehhude vor.[50] Auch Fernwege, wie der bislang meist unbeachtete

---

[46] *Lucas, Otto: Das Olper Land – Universitätsbuchhandlung Coppenrath Münster 1941 S.118*

[47] *Lucas, Otto 1941 S.118*

[48] *Quieter, Raimund: Wenden in Mittelalter und Früher Neuzeit in Böhler, Karljosef u.a.: „Wenden – Einblicke in die Geschichte“ Wenden 2012 S 53 f*

[49] *Siebel, Gustav: Die Nassau-Siegener Landhecken Siegen 1983S. 15 f*

[50] *Lucas, Otto 1941 S.36 f*

Heerweg auf Altenhofer Gebiet, der die Siedlung Höëwingen in nur etwa 100 m entfernt streift, waren Verbindungen der Regionen.

Wir können also davon ausgehen, dass der Wendener und der Siegerländer Dialekt eine gemeinsame fränkische Wurzel haben. Wie aber ist zu erklären, dass im Siegerland die zweite Lautverschiebung – wenigstens teilweise – vollzogen wurde, im Wendschen aber nicht? Zu vermuten ist, dass es mit der historischen Grenz- und damit Randlage des Wendener Landes zwischen den Bistümern Mainz (Siegerland) und Köln (Sauerland), zwischen dem Gebiet der Sachsen, die von Norden kommend auch im Kreis Olpe siedelten, und den Rheinfranken (mit dem Zweig der Moselfranken) im Süden und Westen, dem Herzogtum Westfalen (zu Kurköln gehörig) und dem Herzogtum Franken, später Fürstentum Nassau-Siegen, zu tun hat. Neben der gemeinsamen Wurzel nun auch eine über Jahrhunderte währende politische Grenze, die auch zu kleinen Scharmützeln, aber auch zu größeren trennenden Vereinbarungen führte.

An dieser Grenze verläuft die Benrather Linie, was auch heißt, dass die Lautverschiebung zum einen das Siegtal hochkommend und zum anderen von Süden her über das hessische Rheinfränkische zur Ausprägung des mitteldeutschen Dialekts im Siegerland geführt hat. Bei all den Verbindungen und Kontakten mit dem fränkisch-niederdeutschen Wendener und dem niedersächsisch-sauerländischen Kruberger / Rahrbacher Bereich war jedoch das Siegerland über das Siegtal in Handel und Politik eher mit dem mitteldeutschen Sprachbereich verbunden, sodass sich die Lautverschiebung entsprechend auswirken konnte. Umgekehrt aber blieb der Wendener Bereich von dem Einfluss der sächsischen Neusiedler verschont und konnte seine Sprache weitersprechen. Aber als Teil des Herzogtums Sachsens und der Herrschaft der Kurkölner Erzbischöfe waren die politischen und überwiegend auch die ökonomischen Verbindungen nördlich und westlich orientiert. Damit blieb es auch im niederdeutschen Sprachbereich. In diesem Sinne ist das Wendsche Platt durchaus als Sprachinsel zu verstehen.

Das heißt aber auch gleichzeitig, dass sich das niederdeutsche Wendsche Platt und das mitteldeutsche Siegerländer Platt seit etwa einem Jahrtausend getrennt entwickelt haben. Dabei hat das Wendsche Platt durchaus Einflüsse aus den Nachbardialekten aufgenommen, was sich als Dialektkontinuum darstellt[51]. Dies ist insofern auffällig, dass ein die Wendener Mundart Sprechender problemlos einen Siegerländer ebenso gut versteht (und umgekehrt) wie einen Olper oder Drolshagener Platt Sprechenden, aber ein westfälischen Dialekt sprechender Sauerländer häufig Probleme hat, dem Siegerländer, und manchmal auch dem Wendener Platt zu folgen.

---

[51] *Meist wird der Begriff Dialektkontinuum im Sinne eines geographischen Dialektkontinuums verwendet, eines zusammenhängenden geographischen Raums, in dem miteinander verwandte Dialekte gesprochen werden, zwischen denen sich nach innersprachlichen strukturellen Kriterien keine eindeutigen Grenzen ziehen lassen, da sie zwar durch zahlreiche Isoglossen voneinander getrennt werden, die Isoglossen für unterschiedliche sprachliche Erscheinungen jedoch im Allgemeinen nicht an derselben Stelle verlaufen.*
Die Dialekte verändern sich von einem Ort zum Nachbarort meist nur leicht, so dass immer eine Kommunikation mit den Sprechern in der unmittelbaren Umgebung problemlos möglich ist. Je größer die Distanz zwischen den Orten wird, umso größer werden die Unterschiede und entsprechend wird die Kommunikation schwieriger, bis ab einer gewissen örtlichen Distanz gar keine Kommunikation auf basilektaler Basis mehr möglich ist. Dialektgebiete sind Teil eines Dialektkontinuums und haben sich durch geographische Isolation und damit durch Ausprägung der örtlichen Kommunikation entwickelt. (Man vergleiche auch den verwandten, aber nicht identischen Begriff Dialektcluster.)

Weitere Eigenheiten des Wendschen Platt

Eine weitere Präzisierung bzw. Korrektur sollte allerdings noch folgen. Der Bereits erwähnte Schluss vom Fritz Wiemers im Heimatbuch des Amtes Wenden zur „Wendener Mundart“[52] ist in der von ihm formulierten Absolutheit zu korrigieren. Er geht davon aus, dass die Wendener Mundart durch den Kontakt mit dem Oberbergischen ihren Charakter bekommen hat, nicht, wie ich es darlege, als niederdeutsches Moselfränkisch und in einem Dialektkontinuum zwischen dem Westfälischen, Niederfränkischen, Ripuarischen und Moselfränkischen. Er schreibt: „Die ehemalige Landesgrenze (das Kölsche Heck) war und blieb bis auf den heutigen Tag auch scharfe Mundartgrenze; die dialektischen Einflüsse von drüben auf das Wendener Gebiet waren dementsprechend sehr gering“ [53]. Setzt man jedoch, wie aufgezeigt, eine fast beliebige Auswahl von Worten beider Mundarten oder grammattische Eigenheiten nebeneinander und konzidiert dabei die Veränderungen durch die Lautverschiebung, so kommt man regelmäßig auf gleiche Wurzeln und Verläufe in den Änderungen.

---

[52] *Wiemers, Fritz: Heimatbuch des Amtes Wenden - Wenden F.X. Ruegenberg, Olpe o.J. S. 128ff. Wiemers schließt in seiner Analyse zu kurz, da der sprachliche Kontakt zum Oberbergischen nur sporadisch erfolgte. Die Verbindung über die Fernwege wiederum ist auch in Zweifel zu ziehen, da diese weitestgehend über die Höhen gingen und damit an den Orten in Tallage vorbei. Für die Entstehung und den Wandel der Sprache ist aber der alltägliche Kontakt notwendig. Darüber hinaus setzt er das Kölsche Heck zu absolut, was aus der zeitbedingten Sicht der Entstehung des Buches erklärbar ist.*

[53] *Wiemers, Fritz o.J. S. 128 f*

Die durchaus vorhandenen Ähnlichkeiten zum „Bergischen", die Wiemers aufzeigt[54], sind sowohl im Moselfränkischen, als auch Niederfränkischen und Ripuarischen wie auch im Olper Platt zu finden. Nehmen wir das von ihm erwähnte, im Wendschen immer noch gebräuchliche Wort für sich beeilen: „*zauen*" [55]. Aus dem Rheinischen Wörterbuch: „**zauen** das Wort, zu ahd. zawên »glücken«, mhd. zouwen »bereiten, vonstattengehen, gelingen«, mnd. touwen »glücken, eilen«"[56]. Danach ist dieses Wort in den jeweiligen regionalen Varianten von Aachen bis Siegen, von Altenkirchen bis Neuss in den Mundarten im Gebrauch. Daher ist es eben kein Zufall, dass auch das Ostbergische diese Wendung benutzt. Ein Beweis für den oberbergischen Ursprung oder Einfluss auf das Wendsche Platt ist es nicht.

Dennoch gibt es Begriffe, die zwar im gesamten fränkischen Sprachraum genutzt werden, aber in einzelnen Regionen besonders häufig und z.T. „stilbildend" sind. Wie oben bereits erwähnt sind es für das Wendener Land und das Siegerland u.a. das „*Hehrbroat*", „*Suram*" oder die *Ranke* oder *Dunge*, Worte die z.B. im Olper oder Drolshagener Platt nicht zu finden sind.[57]

Gemeinsamkeiten in Lautgestaltung und Begriffen mit dem „Ferndorftaler"

Ich gehe noch einen anderen Weg. An den folgenden Beispielen zeige ich auch in der Lautgestaltung, dass das Wendsche Platt eine historisch hohe Nähe zur siegerländischen „Ferndorftaler" Mundart, mit dem Kern Kreuztal - Krombach - Ferndorf, hat. Dabei wird es auch

---

54 Wiemers, Fritz o.J. S. 128 f

55 Wiemers, Fritz o.J S.129

56 Rheinisches Wörterbuch 2021Bd. 9, S. 723

57 Hier gibt es wohl ein „Knäppchen".

um einen Rückgriff auf alt- und mittelhochdeutsche Formen der Worte gehen. Exemplarisch hier einige Auszüge zum Vokal „*a*".

Der ursprüngliche offene *–a*-Laut hat sowohl im Wendschen als auch im Siegerland den reinen a-Laut bewahrt, erst im weiteren oberdeutschen Sprachraum (z.B. Hessen und Bayern) wurde er zu einem offenen *–o*- verdunkelt. Siegerländisch „*Sache*" heißt im Wendschen „*Saake*" (allgemein Sachen, aber auch Aufgaben, Angelegenheiten: „*Häsche dejna saaken ouck ferich*?") – der Bayer würde von einer „*Soche*" reden. Dort wie im Siegerländischen liegt dort auch eine Lautverschiebung des *k* zu *ch* vor.[58]

Im Siegerland wie im Wendschen und Westfälischen heißt es „*datt*" statt „*das*" mit offenem „*a*", ein Zeichen auch dafür, dass die Lautverschiebung im Siegerländischen, aber auch im weiten moselfränkischen und ripuarischen Raum nicht überall und nicht vollständig vollzogen ist. Im oberdeutschen ist hingegen der a-Laut zu einem „*o*" und sogar „*ö*" oder offenen „*e*" geworden: „*dos*" „*dös*" oder „*des*".

Die Verlängerung des „*a*" ist die Folge von einem gegenüber dem ahd. ausgefallenen Vokal. Aus dem althochdeutschen „*aram*" oder „*waram*" wurden neuhochdeutsch „*arm*" bzw. „*warm*". In der Aussprache sowohl im Siegerländischen als auch im Wendschen ist die althochdeutsche Form noch zu erahnen: es heißt „*aarm*" bzw. „*oam*", und „*waarm*" und „*woam*", bei dem im Wendschen immer noch ein leichtes *–e-* mitklingt. Ein weiteres Beispiel ist das ahd. „*starah*" = *stark* – sieg.: „*staark*" –wendsch: „*stoak*" (ohne r) und gedehnt gesprochen, nicht wie im Hochdeutschen kurz.

---

[58] Auch ein Hinweis auf die Benrather Linie, die durch eine Verschiebung der harten Verschlusslaute wie -p oder -k zu den weichen Entsprechungen -b und -ch bzw. -g gekennzeichnet ist.

Als ein weiteres Beispiel nehme ich das hochdeutsche Wort „*arg*", dass es auch in den niederdeutschen Mundarten wie dem Olper Platt gibt, das aber in der Siegerländer- und der Wendener-Mundart gemeinsam eine völlig andere Bedeutung hat. Das oben bereits Angeführte wird an dem in der Siegerländer- und der Wendschen Mundart fast gleichlautenden Begriff „*aarich*" bzw „*oarich*", ahd. „*arag*" (*arach*), deutlich. In der mundartlichen Form klingt der zweite, im Hochdeutschen ganz weggefallene Vokal noch mit. Ein Weiteres: Dieses Wort „*aarich*" gibt es auch in anderen nieder- und mitteldeutschen Dialekten, wie im sauerländischen Olper Platt, wo es aber „*arg, schlimm, heftig*"[59] bedeutet. Das Siegerländische und das Wendsche hingegen benutzen es als ein Adverb, das eine positive Steigerung im Sinne von „*sehr, außerordentlich*" bedeutet: „*Ick han dick oarich chäanne*" – Was für den meist spröderen Wendschen bedeutet: Ich liebe dich von ganzem Herzen. Im Siegerländer Dialekt ist „*aarich*" gleichbedeutend mit *tüchtig*. Auffallend auch, dass es im Ostfränkischen des bayerischen Unterfranken ebenso „*orch*" lautet, mit gleicher Bedeutung des Hervorhebens, ergänzt durch „*gean*", also gern[60]. Womit wir auch wieder beim Wendschen „orich chäanne" sind.

Vor „*r*" mit folgendem Konsonanten bleibt siegerländisch das „*a*" unverkürzt wie in „*faarwe*" = Farbe, während es im Olper Platt in „*Farrewe*" wie im Hochdeutschen verkürzt wird. Im Wendschen bleibt der Vokal aber lang, wird allerdings verdunkelt in eine Anlehnung an das „*o*", wie im Englischen „*fall*", dem ein „*a*" folgt und das „*r*" guttural nur angedeutet wird: „*foabe*". Das kann für das Wendsche als Regel gelten, denn heißt es siegerländisch „*darf*" ist es wendsch „*doaf*", allerdings in Abwandlungen wie „*hä doaf / doafte dat nit*",

---

[59] *siehe Rheinisches Wörterbuch*

[60] *www.historisches-lexikon-bayerns.de/Lexikon /Fr%C3%A4nkische_Dialekte. In der Bedeutung: „mit besonderer Vorliebe"*

aber *„Doabesch dou dat?"* – ein Wandel von f bzw. w zu b, der uns bei *„Höëwingen"* und *„Höëbbingen"*[61] ebenso begegnet.

Auch hier würde eine nahezu unbegrenzte Auswahl von Worten, Wortbildungen und Grammatik den mit dem siegerländischen verwandten, moselfränkischen Charakter der Wendener Mundart aufweisen. Noch viele Beispiele, für die hier nicht Zeit und Raum sind, die den Wendschen Dialekt mit dem Nordwestsiegerländischen vergleichen, könnten die eindeutig stärkere Verwandtschaft zum Mosel- als zum Niederfränkischen aufzeigen.

Ostbergisch – ein benachbarter niederfränkischer Dialekt

Fritz Wiemers geht im „Heimatbuch für das Amt Wenden" davon aus, dass die Verkehrsverbindungen über Rothemühle ins Oberbergische der Schlüssel für die Besonderheit des Wendener Dialekts seien und zeigt verschiedene Gemeinsamkeiten des Wendschen und eines (von ihm nicht an Regionen oder Orten orientiertes) Oberbergisch in Ortsnamen und Bezeichnungen auf. Er geht auch davon aus, „daß die Mundart im Amte Wenden in der Vergangenheit von keiner Seite so stark beeinflusst gewesen ist, wie von unserer fränkischen Nachbarschaft im angrenzenden Rheinland insbesondere von den Mundarten im Oberbergischen Kreis" [62].

---

[61] *Bezeichnungen der Einheimischen für den Ort Altenhof: siehe dazu Wolf, Walter: Höëwingen 2021*

[62] *Wiemers, Fritz: o.J. S. 132; verwiesen werden muss an dieser Stelle auf die großen Unterschiede auch im unmittelbar benachbarten Bergischen, in dem ripuarische und niederfränkische sowie Misch- und Übergangsdialekte gesprochen werden, aber auch – wie das Homburgische - Reliktdialekte*

Selbstverständlich, so kann man nach heutiger Erkenntnis sagen, gibt es die Ähnlichkeiten, aber die sind bei der gemeinsamen fränkischen Herkunft und des niederdeutschen Modus der Sprachen im Wendener Raum und dem Oberbergischen eher zu erwarten als besonders auffällig. Und diese Ähnlichkeiten z.B. die Bezeichnung „mej" für „mich"[63] sind auch typisch Kleverländisch, also Niederrheinisch. Wie soll dies aber mit der Geschichte, vor allem der Alltagssprache in Verbindung gebracht werden? Daher nun ein Seitenblick auf verschiedene Oberbergische Dialekte.

An der unmittelbaren Grenze des heutigen Oberbergischen Kreises zum Kreis Olpe, überwiegend zum Drolshagener Land, wird eine vom Westfälischen Dialekt durchwirkte niederfränkische Mundart gesprochen. Dabei ist zu bedenken, dass Teile dieses Raumes (u.a. die östliche Hälfte von Belmicke) bis zur kommunalen Gebietsreform von NRW zu Drolshagen gehörten und die Kirchengemeinde von Belmicke eine lange und eigenwillige Geschichte mit und in Beziehung zu Drolshagen hat. Eine Nähe zum Dräulzer Platt ist offensichtlich, aber zum Wendschen Platt ist sie nicht ohne weiteres auszumachen.

Bergneustadt hat einen deutlich niederfränkischen Dialekt ohne die zweite Lautverschiebung, ist also eine niederdeutsche Mundart, allerdings auch ein Übergangsdialekt vom niederfränkischen Ostbergisch zum niedersächsischen Sauerländisch. Daher hier sind noch viele Gemeinsamkeiten zum (ebenfalls) Übergangsdialekt des „Dräulzer Platt" zu finden, sieht man von einer eher rheinischen Intonation ab. Zum Wendschen Platt ist eine Verwandtschaft als niederdeutsch-fränkischer Dialekt nur begrenzt festzustellen, wie ein unregelmäßig auftauchender *ch*-Anlaut, wo westfälisch oder hochdeutsch ein *–g* stehen würde. Die - auch bis in die lutherische Zeit

---

[63] *Nicht aber für „wir", das ein wendsches Alleinstellungsmerkmal ist*

reichenden - kirchlichen Beziehungen der Region um die alte Gemeinde Lieberhausen zum märkischen Raum, insbesondere zu Meinerzhagen, hat die dortige Mundart auch märkisch-sauerländisch geprägt.

Nimmt man den dem Wendener Land am nächsten liegenden Bereich der heutigen Gemeinden Wildenburg, Wildberger Hütte, Eckenhagen und noch den westlichen (protestantisch geprägten) Teil von Morsbach hinzu, treffen wir auf einen Ripuarischen Dialekt[64]. Dort ist die zweite Lautverschiebung vollzogen, allerdings nicht vollständig. Der Einfluss des Ripuarischen ist an der Grenze des Wendener Landes in der früheren Gemeinde Römershagen allerdings deutlich zu vernehmen. Das Wendsche Platt ist aber auch kein Ripuarischer Dialekt.

Allerdings gibt es im Oberbergischen eine Besonderheit, die gleichzeitig aufweist, dass das Wendsche Platt als niederdeutsches Moselfränkisch eine Reliktmundart ist.

Ch statt *g* –Vergleich zu einer oberbergischen Reliktmundart

Eine Besonderheit des Wendschen Platt ist, der Gebrauch des *ach-ch* am Wortanfang mit dem schriftdeutschen „*g-*". Das *ach-ch* tritt durchgehend auch in den Nachbarschaftsdialekten des Olper, Drolshagener, aber ebenso im Bergneustädter Dialekt, am Wortende auf

[64] *Wiemers geht vor allem von den Verbindungen in diesen Bereich aus. Danach müsste allerdings das Wendsche als Ganzes unter ripuarischem Einfluss gestanden haben.*

oder wenn Sauerländer hochdeutsch sprechen: statt *Ta:g* heißt es dann *Tach*.

Im Olper und Drolshagener Platt heißt es „*grout*“, im übrigen Sauerland „*gräot*“ oder „*graut*“[65], lautet es im Wendschen „*chroat*“[66]. Oder als weiteres Beispiel „*chäanne*“, also „*gerne*“, was fast überall im Sauerland als „*geren*“ auftaucht. Im Bergischen entfällt das –r- und es heißt „*jeen*“(*ję:n)*. Damit ist das sauerländische dem althochdeutschen und altsächsischen „*gerno*“ näher als das Wendsche, dieses wiederum dem altniederländisch-fränkischen „*gherne*“, das wie das deutsche *ach-ch* gesprochen wird.

Diese Form der Lautbildung *g-* zu gutturalem *ach-ch-* ist ein „Alleinstellungsmerkmal“ des Wendschen Platt innerhalb des Sauerlandes. Zwar erscheint auch in den Nachbardialekten des Sauerlands oft ein eher angedeutetes *ch-* für ein –*g-* im An- und Auslaut, aber es ist das Ich-ch und oft in der Nähe bis zum Mischlaut zu –*j-*[67].

---

[65] *Quelle: Pilkmann-Pohl, Reinh.: Plattdeutsches Wörterbuch des Kurkölschen Sauerlandes Arnsberg Sauerländer Heimatbund 1988, S. 115; leider wird in dem Artikel die Wendsche Form mit „groet“ der ch-Aussprache nicht gerecht. Dies gilt dort durchgehend für alle Worte aus dem Wendschen, wie auch das anschließend erläuterten „gerne“. Im Drolshagener Dialekt (Junkernhöh) gibt es allerdings auch Andeutungen eines Zwischenlauts zwischen j und ch bei Wortanfängen mit g.*

[66] *Ch-Laut und Diphthongierung des langen –o- Lauts.*

[67] *Ich habe dazu mehrere Stunden Tonaufnahmen von sauerländisch-platt sprechenden Menschen analytisch angehört, u.a. die von Droste, Klaus aufgenommenen Vorträge zum 10-jähigen Jubiläum der Drolshagener Plattdeutschen Runde, bei denen Menschen mit Geburtsdatum in den 20-ger Jahren des letzten Jahrhunderts und die mit ihrem Platt als erste Sprache aufgewachsen sind, zu Worte kamen. Dort war das Elsper, Benolper, Welschen-Ennester, Heggener, Attendorner, Selbecker, Kleusheimer, Olper, Drolshagener und Wendener Platt zu hören.*

Bemerkenswert ist allerdings, dass es einen Dialekt im Oberbergischen gibt, der zu den ripuarischen Mundarten gehört und bei dem eindeutige Parallelen zum Wendschen Platt vorliegen. Das Ripuarische ist ebenfalls eine fränkische Mundart, die jedoch die zweite Lautverschiebung zumindest teilweise mitgemacht hat und daher, wie auch das Siegerländische, zum Mitteldeutschen Sprachbereich gezählt wird.

Welche Gemeinsamkeiten und Unterschiede sind bei dem Gebrauch des schriftsprachlichen „*-g*“ festzustellen? Zunächst wird das schriftsprachliche „*g-*“ in der Vorsilbe im Wendschen zu „*j-*“ wie in anderen fränkischen Dialekten[68], es heißt also „*jemaket*“[69].

Der ostbergisch-westfälische Übergangsdialekt in Bergneustadt zeigt ebenfalls durchgehend die Vorsilbe „*je-*“. Hingegen taucht das *ach-ch* für das schriftsprachliche „*g*“ nicht durchgehend, aber so gut wie immer vor einem „*-r*“ auf, meist auch vor „*-a*“, „*-o*“ und „*-l*“. Regelmäßig wird in diesem Dialekt das „*-g*“ vor einem Umlaut (*ä, ö, ü)* zu einem „*j-*“, häufig, aber nicht regelmäßig bei „*-e*“ und „*-i*“. Französische Fremdworte mit *Anfangs-g*, die ins Plattdeutsche übernommen wurden, werden mit stimmlosem „*sch*“ gesprochen wie Schandarm, Schossee oder schenieren. Das Bergneustädter Dialekt hat als niederfränkisch-westfälischer Übergangsdialekt auch die zweite Lautverschiebung nicht übernommen und zeigt einen – nun niederfränkischen – Einheitsplural auf *-en: fi maken, it maken, sai maken.*[70]

---

[68] *Auf die Formen in sauerländischen Dialekten kann ich hier nicht eingehen. Auch hier wird häufig ein -j- für ein -g- gesprochen, sowohl im Anals auch im Inlaut.*

[69] *Siehe dazu auch die Ausführungen im Vergleich zum westfälischen Partizip Präsens, das keine Vorsilbe kennt.*

[70] *Zur Erinnerung: Drolshagen: fi makent, i makent*, se maken, hingegen im Wendschen mej maken, i maket, se maken.

Im weiteren Oberbergischen wird ebenfalls in einigen Dialekten das anlautende „*g-*" als „*ch-*" gesprochen, allerdings nicht als Regel - abgesehen vom „Hommerschen", dem Homburgischen. Innerhalb des sehr vielfältigen Sprachraums des Oberbergischen hat sich im früheren Territorialgebiet der Reichsherrschaft Homburg, die aus den Altgemeinden Wiehl, Drabenderhöhe, Nümbrecht und Marienberghausen bestand, ein eigenartiger Dialekt erhalten bzw. weitergebildet. Anders als in den benachbarten Mundarten, die das hochdeutsche „*g-*" als „*j-*" sprechen[71], wird dort ein *ach-ch* gesprochen. Dies wird darauf zurückgeführt, dass es sich um eine im Mittelalter im weiteren fränkischen Sprachraum gebräuchliche Form des harten Gutturallautes „*ch*" handelt, der im Nieder- und Mittelfränkischen zu einem „*j-*" erweichte. Der Homburgische Dialekt wird daher als eine Reliktmundart verstanden, die wesentliche Teile alter und in benachbarten Dialekten nicht mehr gebräuchliche Formen, die aus eigenen historischen Wurzeln und nicht durch innere Wandlungen entstanden sind, behalten hat.

Das Ripuarische des Hommerschen, das ich am Beispiel des Baldenberger Dialekts zeige, hat wie das Wendsche nahezu regelmäßig das schriftsprachliche anlautende „*g-*" als ein „*ch-*" und im gleichen Maß das „*je-*" als Vorsilbe für das schriftsprachliche „*ge-*". Anders als im Wendschen Platt ist hier vor „*l*" eher ein „*j*" gesetzt (*jlatt, jlöwen*) statt wie im Wendschen das *ach-ch* (*chlatt, chlöiben*). Dennoch ist die Häufigkeit auffällig und bestätigt auch die Annahme einer Reliktmundart. Im Gegensatz zum Wendschen ist aber das Hommersche und Baldenbergische ein mitteldeutscher Dialekt, da die Laut-

---

[71] *Vgl. Kamp, Willi: Neustädter Mundart - Gedichte von Wilhelm von der Linde, Bergneustadt 2015*

verschiebungen *t* zu *s* und *p* zu *f* nahezu die Regel ist. So heißt „källken“ im wendschen Niederdeutsch „witteln“, im Baldenberger „wisseln“, aber auch „Läffel“ gegenüber dem „Läappel“ im Wendschen.

Der Homburgische Dialekt wurde und wird wie das Wendsche Platt in einem auch historisch weitgehend geschlossenen und damit auch abgeschlossenen Raum in Randgebieten gesprochen. Beide Mundarten lassen sich auch heute noch regional begrenzen. Zudem lassen sich vergleichbare Wortformen finden wie das hochdeutsche und im Olper und Drolshagener Platt „*anders*“. Im Wendschen wird es nasaliert in „*angers*“, was im Homburgischen „*angersch*“ lautet.

Dies sind auch Belege für die Nasaliierung im Inlaut, also hier die Verwandlung der Zahnlaute *t* und *d* in die Gaumenlaute *g* und *k* wie bei „*bingen*“ für *binden*, „*schängen*“ für eigentlich *schänden* (hier für *schimpfen*) oder „*unger*“ für unter, die in beiden Mundarten identisch sind.[72] Bemerkenswert auch, dass das „*hier*“ als „*he'ĭ*“ diphthongiert wird, wie in dem Wendschen „*hej*“.

Im Wendschen wird aus dem binnenlautenden „*g-*“ wie auch in westfälischen Nachbardialekten und im nordwestlichen Siegerland ein stimmhafter „*j-*“-Laut, der ein Mittellaut zwischen einem stimmhaften „*ch-*“ wie bei „*ich*“ und einem „*j-*“ wie in „Jacke“, etwa ein „*j*“, das stimmhaft im Rachen erzeugt wird. Typisch dafür das verbreitet Wort für Kinder „Blagen“ oder der Wagen, die dann „blāɣən“ oder „wāɣən“, siegerländisch ohne End-n nur „*wāɣə*“ lauten.

Dafür, dass es sich auch bei dem Wendschen Platt um einen Reliktdialekt handelt, spricht, dass es alte Sprach- und Wortformen weiter tradiert und zum alltäglichen Gebrauch bestimmt hat. Zu einer

---

[72] *Allerdings ist diese Form auch in einzelnen Sauerländischen Dialekten zu finden.*

Reliktmundart konnte es werden, weil es in dem (nieder-) fränkischen Streifen vom Niederrhein über das Bergische Land bis ins Siegerland abgetrennt durch den niedersächsisch beeinflussten, ehemals wohl auch fränkisch sprechenden Olper und Drolshagener Keil und zum verwandten Siegerländischen, das die zweite Lautverschiebung vollzogen hat, existiert hat.

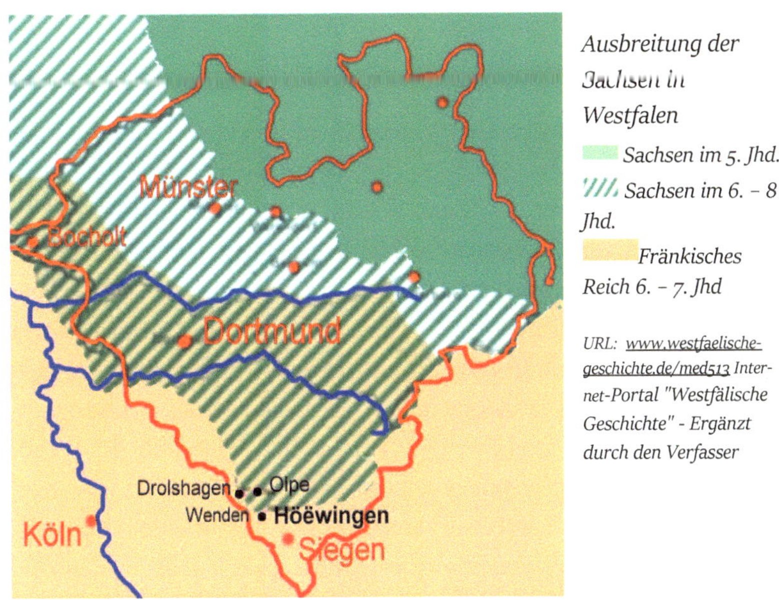

Ausbreitung der Sachsen in Westfalen

Sachsen im 5. Jhd.

Sachsen im 6. – 8 Jhd.

Fränkisches Reich 6. – 7. Jhd

URL: www.westfaelische-geschichte.de/med513 Internet-Portal "Westfälische Geschichte" - Ergänzt durch den Verfasser

In diesem Sinne sind viele Parallelen zwischen dem Wendschen und dem Homburgischen Platt zu finden. Aufgrund der historisch-politischen Situation beider in Grenzlage ist anzunehmen, dass diese regelmäßigen Gemeinsamkeiten in Worten und in Aussprache Indizien für die gemeinsame Wurzel in einer fränkischen Basissprache sind, wie dies auch für das moselfränkische Siegerländisch von mir angenommen wird.

Anders als zum Siegerland sind allerdings zu der homburgischen Region keine politisch-kirchlichen oder ökonomische Verbindungen festzustellen, auch da sie unterschiedlichen Herrschaftsbereichen angehörten. Das gilt auch für Neustadt, später Bergneustadt (Gimborn-Neustadt). Eine Beeinflussung durch ein Dialektkontinuum ist daher auszuschließen. Und in diesem größeren gemeinsamen Sprachraum verwundert die hohe Affinität nicht mehr.

Das wendsche „scht" – ein sprachliches Relikt?

Weder im Plattdeutschen Wörterbuch des kurkölnischen Sauerlandes, im Rheinischen Wörterbuch noch im Grimmschen Deutschen Wörterbuch ist für den Raum Westfalen und dem des Rheinischen Fächers ein durchgehender Gebrauch des *-st* als *-scht* zu finden, abgesehen von den auch im Schriftdeutschen anlautenden *st-*. Erst in oberdeutschen fränkischen und alemannischen Dialekten taucht diese Variante auf. In den niederdeutschen, westfälischen Dialekten ist vielmehr eine Trennung des *-sch-* in *s-ch* oder *s-k*[73] zu verzeichnen. Somit ist dies ein weiteres Alleinstellungsmerkmal des Wendschen Platts. Eine Hypothese: dies ist ebenfalls ein Relikt vergangener Sprechweisen und da in allen benachbarten Dialekten eine Trennung in *s* und *t* vorgenommen wird, kann es sich auch nicht um ein Dialektkontinuum handeln. So ist z.B. die Kiste eine „*kischde*" und Weihnachten ist „*Krischdach*". Hier wie auch in der zweiten Person Präsenz von *sein* „*du bist*" fällt das End-t weg und lautet nun: „dou bisch". Wo das End-t bleibt, folgt nach dem *scht-* ein *-ə*, sodass es nicht „*mischt*", sondern „*mischte*" lautet und das Arbeitsinstrument eine „*mischtechaffel*" ist.

---

[73] *Besonders ausgeprägt im westfälischen Münsterländisch, aber auch im Hoch- und Märkischen Sauerland, praktisch jenseits des Wendschen, Ölper und Dräulzer Platt.*

Weitere Beispiele dazu: im Drolshagener und Olper Platt ist die Verwandte die „*süster*“, im Wendschen die „*schwäschter*“, also zweimal „*sch*“. In diesen drei Dialekten allerdings wird die Ordensschwester wie im hochdeutschen bezeichnet: „*Schwester*“.

Mit dieser Form steht das Wendsche diametral den westfälischen, auch den sauerländischen Dialekten gegenüber, die erst spät das „*sch*“ als „*š*“ benutzen. Vorausgegangen ist bei diesen eine Trennung von „*s ch*“ als zwei Laute, die sich wiederum aus dem „*s-k*“ entwickelt haben. Karikiert wird dies in der Aussprache der sauerländischen Städte „*Mäskede*“ und „*Lüdens-ch-eid*“. In den Dialekten des Kreises Olpe – abgesehen von den fränkisch beeinflussten Wendener, Drolshagener und Olper Dialekten gebrauchen Mundartsprecher ebenfalls die getrennten Laute wie z.B. im Oedinger „*tüs-ken*“ = zwischen. Das lautet im Drolshagener Platt „*tüsser*“, der Olper sagt „*tüschen*“ und der Wendsche „*tüscher*“. Und für den Welschen-Ennester gibt es eben ein „*Was-keplätz*“, ein Abwaschtuch.

Ob der Gebrauch des „*scht*“ als durchgehende Regel zufällig in der Sprachinsel entstand oder ob es über die fränkische Basissprache sozusagen als ein verstecktes Gen möglich war, lässt sich nicht eindeutig klären. Bemerkenswert nur ist, dass das wendsche „chüschtern“ (gestern) in Unterfranken (Bayern) „*geschtern*“[74] lautet wie im moselfränkischen Saarland „*gešdər*“[75]. Und „*wir*“ heißt dort auch „*mer*“. Doch das hatten wir schon weiter oben.

---

[74] *„gestern“ Fränkisches Wörterbuch“ (WBF) in Kooperation zwischen der Bayerischen Akademie der Wissenschaften und der Friedrich-Alexander-Universität Erlangen-Nürnberg (FAU), München 2021*

[75] *„gestern“, Rheinisches Wörterbuch, digitalisierte Fassung im Wörterbuchnetz des Trier Center for Digital Humanities, Version 01/21, <https://www.woerterbuchnetz.de/RhWB?lemid=G02019>, abgerufen am 31.08.2021.*

Wendsches Platt – Sprachsystem und Methodisches

Fundamentale Übereinstimmungen des Wendschen Platt und dem nordniederfränkischen Dialekt des Ostbergischen sowie dem Siegerländischen, einem moselfränkischen Dialekt sind, wie aufgezeigt, die Folgen des gemeinsamen Ursprungs dieser Mundarten, zu denen erst sekundär die Entlehnungen kommen, die zwischen den Systemen stattgefunden haben.

Diese Entlehnungen sind auch in dem Dialektkontinuum zum Ostbergischen Dialekt, der niederfränkischen Übergangsmundart Bergneustadts, wie auch zum Olper und Drolshagener Dialekt, einer niedersächsischen Übergangsmundart, die im Wesentlichen westfälisch, also niedersächsisch geprägt ist, zu verzeichnen.

Dies ist eine Besonderheit. Aufgrund spezieller und fundamentaler Gemeinsamkeiten des Olper und des Drolshagener Dialekts sowohl mit der niedersächsisch-westfälisch-sauerländischen Mundart, insbesondere durch den Einheitsplural, als auch den niederfränkischen Dialekten in der Nachbarschaft des Ostbergischen und des Wendschen Platt, sind jene Dialekte keine rein westfälischen, sondern enthalten Elemente beider Systeme. Dies ist – noch einmal erinnert - an der für das Westfälische besonderen Form des Einheitsplurals erkennbar, der anders als im übrigen sauerländisch-westfälischen Raum, nicht mit einem *-t*, sondern mit *-nt* endet.[76] Dagegen behalten sowohl das Ostbergische als auch das Wendsche Platt trotz Wortentlehnungen grundsätzlich den Charakter der fränkischen „Ausgangssprache".

[76] *Diese Vermischung ist bei Mundarten, die in Randlagen gesprochen werden, häufig bis regelmäßig zu finden, ohne dass dabei die Ausgangssprache übertönt wird. Siehe dazu auch die genannten Beispiele zum bergischen Velbert. Anders bei großräumigen Neu-Besiedlungen*

Für den Olper und den Drolshagener Dialekt ist daher anzunehmen, dass im Zuge der sächsischen Besiedlung die ursprünglich von der fränkischen Bevölkerung gesprochene (alt-)fränkische Sprache überformt worden ist. Auffallend ist dabei, dass bereits hinter der historischen (nicht identisch mit der heutigen kommunalen) Grenze der Stadt Olpe in Oberveischede und Attendorn der westfälisch-sauerländische Dialekt ausgeprägt ist, wie u.a. an der dort fehlenden Vorsilbe „*ge*-" bzw. „*je*-" im Partizip Präteritum festzustellen ist (*maket - jemaket*). Zwar scheint sich der niedersächsische Einheitsplural bis zum „Sachsenbach", also Saßmicke, durchgesetzt zu haben, allerdings nicht der Wegfall der Vorsilbe im Partizip Präteritum. Zusätzlich ist die Artikulation der Vorsilbe wie in fränkischen Mundarten ein „*je*-" statt des „*ge*-", was einem Kontinuum zum Wendschen Platt und dem Ostbergischen, aber auch zum Siegerländischen im „Ferndorftal" benannten Raum des nordwestlichen Siegerlandes entspricht. Wie am - an anderer Stelle ausführlicher dargestellten - Beispiel der „Freierei" aufgezeigt, heißt es im Sauerländischen „*friggeri*", während es im Drolshagener und Olper Platt „*friggerëi*" heißt, im Wendschen und Siegerländischen aber „*frëjərëj*".

Sprachhistorisch ist daraus zu schließen, dass der Streifen des Oberbergischen, des Olper und Drolshagener Bereichs, das Wendsche Land und das Siegerland schon vor der hochdeutschen Lautverschiebung eine niederfränkisch sprechende Einheit gebildet haben, die durch den Vorstoß der Sachsen mit einem niedersächsisch sprechenden Keil auf Olper und Drolshagener Gebiet das Wendsche und Oberbergische getrennt haben. Das Siegerländische hat sich entsprechend der zweiten Lautverschiebung verändert. Im Ostbergischen Dialekt sind zudem deutliche Einflüsse des Ripuarischen, Rheinländischen zu erkennen, was sich u.a. in den Intonationen der Dialekte (z.B. „rheinischer Singsang" in Eckenhagen), wie auch in westfälischen Einflüssen etwa in der Gegend um Lieberhausen in der Nachbarschaft zum Märkischen Sauerland zeigt. Ebenso ist sprachhistorisch davon auszugehen, dass die ursprünglich fränkische Sprache in Olpe und Drolshagen sächsisch überformt wurde, wie auch kulturelle Elemente wie das Anerbenrecht und die Weilerbildung dort dominanten Einfluss gewannen.

Dagegen scheint das Wendsche Platt, das keinem niedersächsischen Einfluss ausgesetzt war und kulturell wie in der Dorfbildung (statt Weiler oder Streusiedlungen) sowie der Real(erb)teilung mit dem Siegerland eine Einheit bildete, seine fränkische Sprache behalten zu haben. Es ist auch anzunehmen, dass die Sprache des nordwestlichen Siegerlands und des Wendener Lands bis zur Lautverschiebung weitgehend einheitlich war. Dies wurde ausführlich dargestellt. Bei allen Gemeinsamkeiten ist spätestens mit der unterschiedlichen kirchenpolitischen Zugehörigkeit des Siegerlandes zum Bistum Mainz und des Wendener Landes zum Erzbistum Kurköln, später auch dem Bau der Landwehr des Kölschen Hecks für das Wendener Land ein überwiegender Kontakt zu den niederdeutsch sprechenden nördlich anschließenden Räumen des Olper und Drolshagener Bereichs anzunehmen.

Da Mundartsprecher im Sinne des Dialektkontinuums die Dialekte der Nachbarschaft verstehen, sind von Wendener Seite keine Sprachhindernisse sowohl zum südlich und südöstlich gelegenen Siegerland, als auch nach Norden zum Übergangsdialekt des niedersächsischen Dialekts des Olper und des Drolshagener Raums zu erwarten. Das gleiche gilt auch für die Bereiche des westlich gelegenen Wildenburger Lands mit ausgeprägten politischen kirchlichen und sozialen Beziehungen zu Hatzfeld-Wildenburg. Letztlich ist dies auch noch in der „Römmerschen Mundart“ (Römershagen) wahrzunehmen.

Ein vorsichtiges Fazit: Im Sinne eines Dialektkontinuums ist davon auszugehen, dass das gesamte durch die Franken besiedelte Gebiet eine gemeinsame Sprache verwendet hat, die jedoch, je weiter sie sich räumlich von ihrem Ausgang (in den nördlichen Niederlanden) entfernt hat und je länger der Abstand vom gemeinsamen Aufbruch war, umso mehr Varianten durch interne Veränderungen und externe Einflüsse gebildet hat. Neue Worte wurden aufgenommen (u.a. aus dem Lateinischen über das Vulgärlatein im Rheinland), Intonationen und Aussprachen wandelten sich auch durch Kontakte mit ansässigen vorfränkischen Siedlern, sodass sich eigene Varietäten bildeten, die sich dann zu Dialekten auswuchsen. Hinzu kommt die von Süden bis an die Grenze der Benrather und Uerdinger Linie vordringende hochdeutsche Lautverschiebung, die im (vor allem in den Randregionen) des Ripuarischen wie auch des moselfränkischen nordwestlichen Siegerlandes nicht vollständig vollzogen wurde.

Gleichzeitig erhielt sich das Dialektkontinuum, nachdem die sprachlichen Veränderungen nahezu ausschließlich kontinuierlich verliefen und die Ausgangssprache in den verwandten Sprachräumen auch über weite Entfernungen erhalten blieben. Ein Beispiel dazu, das ich als Kind in meinem Wendsch Platt sprechenden Herkunftsort Altenhof Mitte der 50-ger Jahre erlebt habe. Im benachbarten Siegen waren nach dem II. Weltkrieg belgische Truppen stationiert, die auch zu kleinen Übungen („Manövern“) in unser Dorf kamen. Zu dieser Zeit geschah im Dorf die Wasserversorgung ausschließlich durch Brunnen, was z.B. auch Toilettenspülungen ausschloss, waren die Straßen nicht asphaltiert, sondern durch den Abraum aus der Grube Schildergasse befestigt und der bauliche Zustand der Häuser aufgrund einer generellen Armut im Dorf erbarmungswürdig. Dies nahmen auch die jungen Soldaten wahr und machten sich lustig darüber, ja, es waren schon verachtende und beleidigende Kommentare. Woher wir das wussten? Die flämisch sprechenden jungen Männer ahnten nicht, dass wir Jungen fast alles Gesagte aufgrund der Muttersprache Platt verstanden hatten. Als einer von uns dann in Wendschem Platt zu verstehen gab, dass wir das Gesagte verstanden hatten, stutzten diese und bekamen - wie man so sagt - rote Ohren. Denn auch sie hatten uns, unser Wendsches Platt verstanden. Sie haben sich danach auffallend zurückgehalten.

Wie kam es dazu? Sowohl das Flämische als Teil der niederländischen Sprache als auch das Wendsche Platt sind niederfränkische Sprachen, die nicht die Lautverschiebung mitgemacht hatten. Sie haben eine gemeinsame Vorgeschichte, auch wenn sie sich eigenständig weiter und auseinanderentwickelt hatten.[77]

Das Wendsche Platt - eine besondere Sprache: Fazit

Das Wendsche Platt ist zusammengefasst ein fränkischer, niederdeutscher Dialekt. Die Verbreitung in den unterschiedlichen Varianten des Fränkischen umfasst auf deutscher Seite einen Bereich vom Niederrhein über das Bergische bis ins nördliche Siegerland. Nach der sächsischen Besiedlung des Sauerlands um 700 n.Chr. veränderte sich der ursprünglich fränkische Dialekt im Raum Olpe und Drolshagen zu einer niedersächsisch-westfälischen Mundart, während sich südlich davon der fränkische Dialekt erhielt. Durch die zweite, die hochdeutsche Lautverschiebung, verbunden mit kirchlich-politischen Strukturen, entwickelte sich im Siegerland ein mitteldeutscher moselfränkischer Dialekt, während die wendsche

---

[77] *Dazu gibt es ein ähnliches, von Linguisten gern genanntes Beispiel der Ähnlichkeit der ebenfalls niederfränkischen Sprache Luxemburgs und der der Siebenbürger Sachsen. Um die Sprache der Letzteren zu lernen, wird vielfach auf luxemburgische Wörterbücher und Grammatiken zurückgegriffen.*

Mundart als niederdeutsches Fränkisch, also ohne zweite Lautverschiebung erhalten blieb. Der Wendener Raum übernahm und behielt fränkische Kulturelemente, mit der er sich von benachbarten sauerländischen Regionen abgrenzte wie das Realteilungserbrecht oder die Dorf- statt der Weiler- und Streusiedlungsbildung, mit denen er auch in einer Kontinuität mit dem benachbarten Siegerland blieb. Mit diesem teilte er auch politische und ökonomische Gemeinsamkeiten, wie Besitztümer des Burgholdinghauser Adels oder gemeinsame Hude in den Grenzwäldern sowie die Verkohlung der Wälder. Über eine Vielzahl von Schlägen und Fernwegen, wie dem Heerweg, wurden trotz der befestigten Siegen-Nassauischen Landwehr, dem Kölschen Heck, auch gemeinsame Verkehrswege genutzt.

Es ist davon auszugehen, dass die angeführten Gemeinsamkeiten des Wendschen Platt und des – vor allem nordwestlichen – Siegerländisch grundsätzlicher Art im Sinne einer gemeinsamen Ausgangssprache zu verstehen sind und nicht lediglich einem Dialektkontinuum geschuldet werden. Wie in vergleichbaren Reliktmundarten – wie dem Homburgischen – haben sich im Wendschen Platt Artikulation, Vokabular und Semantik über Jahrhunderte viele erkennbare Eigenheiten des niederdeutschen fränkischen Sprechens erhalten, die sowohl im siegerländischen Moselfränkisch als auch in den Übergangsdialekten des Olper, Drolshagener, Wildenburgischen und Bergischen Raums durch Anpassungen verschwunden oder verändert worden sind. Dies ist als ein Ergebnis der jahrhundertelangen Randlage als Grenzland des kirchlich-politischen Herrschaftsbereichs des Erzbistums Köln gegenüber dem Bistum Mainz und nachfolgend Hessen-Nassau im Süden und Südosten und der Abtrennung durch die bis an die auch noch heute aktuellen gemeindlichen Grenzen vollzogene Neubesiedlung durch die Sachsen im Norden zu verstehen.

Eine fundierte sprachwissenschaftliche Aufarbeitung dieser eigenen und eigenwilligen Sprache ist bislang nicht erfolgt. Vielmehr wurden, wie aufgezeigt, Annahmen aufgestellt, die in Unkenntnis oder in Projektionen aus den eigenen, wenn auch westfälisch-sauerländischen Sprachkenntnissen entstanden sind. Noch sind viele Muttersprachler im Wendschen zu erreichen, die auch noch durchaus örtlich gefärbte Varianten des Wendschen Platt als – manchmal auch nur mögliche – Alltagssprache beherrschen. Meine Ausführungen sollen dazu in reflektierter Zustimmung und fundiertem Widerspruch dazu einen Anstoß geben. Mir wäre es lieber, wenn alle meine Behauptungen mit wissenschaftlichen Redlichkeit widerlegt würden und damit eine neue Deutung über Art und Weise, Herkunft und Praxis festgehalten wird, als dass das Wendsche Platt den Weg so vieler Dialekte geht und irgendwann in noch von uns zu erlebender Zukunft einfach verschwunden ist, ohne dass seine Besonderheit und herbe Schönheit gewürdigt wurde.

Literatur

Bakker, Frens u.a.: *Personalpronomen und die Trennung zwischen dem Südniederfränkischen und dem Kleverländischen auf deutscher und niederländischer Seite der Staatsgrenze – Zeitschrift für Dialektologie und Linguistik; Bd. 82 Stuttgart, Franz Steiner Verlag 1994*

Beckmann, Werner: *Die Geschichte der Olper Mundart In: Schürholz, Carl – Plattdeutsches Wörterbuch für Olpe und das Olper Land. Olpe, Kay Olpe 2015*

Beckmann, Werner: *Die Mundart von Wenden – Ist die Mundart von Wenden westfälisch oder fränkisch? In: Heimatstimmen aus dem Kreis Olpe 3 / 1997 – Folge 188 Kreisheimatbund Olpe 2008*

Grimm Jacob und W.: *Deutsches Wörterbuch - digitalisierte Fassung im Wörterbuchnetz des Trier Center for Digital Humanities, Version 01/21 2008*

Heinzerling, Jacob: *Über den Vocalismus und Consonantismus der Siegerländer Mundart Marburg 1871*

Kamp, Willi: *Gedichte in Neustädter Mundart von Wilhelm von der Linde, Bergneustadt 2015*

König, Werner: *dtv-Atlas DeutscheSprache München Deutscher Taschenbuch Verlag 1978*

Lucas, Otto: *Das Olper Land – Universitätsbuchhandlung Coppenrath Münster 1941*

Pilkmann-Pohl, Reinh.: *Plattdeutsches Wörterbuch des*

Kurkölschen Sauerlandes Arnsbeg Sauerländer Heimatbund 1988

Quieter, Raimund: *Wenden in Mittelalter und Früher Neuzeit in Böhler, Karljosef u.a.: „Wenden – Einblicke in die Geschichte“ Wenden 2012*

Rheinisches Wörterbuch, *digitalisierte Fassung im Wörterbuchnetz des Trier Center for Digital Humanities, Version 01/21, Bd 9, 2021*

Scheele, Norbert: *Rezension Siegerländer Wörterbuch von Heinzerling, J. in: Heimatblätter Olpe Nr. 9-12/Sept.-Dez. 1939 - Olpe Heimatstimmen Olpe F 75/1969*

Schmidt, Bernhard: *Der Vocalismus der Siegerländer Mundart Berlin 1983*

Schneider, Erfried: *Neustädter Platt – ein Mundart-wörterbuch; Bergneustadt 1991*

Schohaus, Renate: *Zur Wortgeographie und zu den Wörterbüchern in: Goosens, Jan: Niederdeutsch – Sprache und Literatur; Bd. 1 Sprache Neumünster 2012*

Schürholz, Carl: *Plattdeutsches Wörterbuch für Olpe und das Olper Land - Olpe 1969*

Siebel, Gustav: *Die Nassau-Siegener Landhecken Siegen 1983*

Taubken, Hans: *Zur dialektograhischen Gliederung der Mundarten des kurkölnischen Sauerlandes In: Plattdeutsches Wörterbuch des kurkölnischen Sauerlandes Arnsberg 1988*

Wiemers, Fritz: *Heimatbuch des Amtes Wenden Wenden F.X. Ruegenberg, Olpe o.J.*

Wolf, Walter: *Höëwingen - Ermittlungen zur frühen Geschichte eines Dorfes - Book on Demand Norderstedt 2021*

Bildnachweise:

Karten:	*LVR Institut für Landeskunde und Regionalgeschichte Bonn* *Internet-Portal "Westfälische Geschichte"*
Coverfoto:	*Wolf, Walter, Drolshagen*
Autorenfoto:	*Engel, Birgit, Olpe*

Autor:

Walter Wolf, Jahrgang 1951, Studium der Pädagogik, Soziologie, Psychologie und Katholischen Theologie; bis zum Ruhestand Bildungsarbeiter und Leiter von Bildungshäusern; 50 Jahre ehrenamtlich im sozialen, verbandlichen und kirchlichen Bereich, zuletzt als Geschäftsführer und Referent im Heimatverein für das Drolshagener Land.

Veröffentlichungen vor allem zu innovativen konzeptionellen Themen. Diverse Fachartikel zu regionalen, politischen und historischen Themen.